开放教育教师队伍建设实践手册

主编　宋平平

中国人民大学出版社
· 北京 ·

图书在版编目（CIP）数据

开放教育教师队伍建设实践手册/宋平平主编．北京：中国人民大学出版社，2025. 1. -- ISBN 978-7-300-33559-9

Ⅰ. G728-62

中国国家版本馆 CIP 数据核字第 2025YG9176 号

开放教育教师队伍建设实践手册

主　编　宋平平

副主编　贾　羽

参　编　云江滢　杨思凡　赵　洋　沈　彤

Kaifang Jiaoyu Jiaoshi Duiwu Jianshe Shijian Shouce

出版发行	中国人民大学出版社		
社　址	北京中关村大街 31 号	**邮政编码**	100080
电　话	010－62511242（总编室）		010－62511770（质管部）
	010－82501766（邮购部）		010－62514148（门市部）
	010－62515195（发行公司）		010－62515275（盗版举报）
网　址	http://www.crup.com.cn		
经　销	新华书店		
印　刷	固安县铭成印刷有限公司		
开　本	720 mm×1000 mm　1/16	**版　次**	2025 年 1 月第 1 版
印　张	10.5	**印　次**	2025 年 1 月第 1 次印刷
字　数	148 000	**定　价**	45.00 元

前 言

百年大计，教育为本；教育大计，教师为本。党的十八大以来，习近平总书记站在党和国家事业发展薪火相传、后继有人的战略高度，为新时代教师队伍建设指明前进方向，对教师工作提出明确要求。党的二十大报告高位谋划了全面建设社会主义现代化国家的路径，就建设教育强国、科技强国、人才强国作了重要部署。教师是教育高质量发展的第一资源，是科技自立自强的关键支撑，是人才队伍建设的重要保障。各教育领域要深入贯彻落实习近平总书记关于教育的重要论述，大力推进高素质专业化创新型教师队伍建设。

“十四五”时期，我国进入新发展阶段，经济社会高质量发展对人力资源开发的新要求，社会各类人群对个性化、多样化优质教育的向往期待，推进教育现代化、建设高质量终身教育体系和学习型城市的宏观要求，为开放教育发展提供了战略指引。随着数字时代的到来，教育信息化支撑引领教育现代化发展，加速推动了开放教育创新和模式变革。开放教育保持快速发展态势，教育新基建的迅猛发展，为教育信息化注入新动力，也为利用信息技术解决改革发展问题、更好地引领开放教育带来机遇。习近平总书记强调：“有高质量的教师，才会有高质量的教育。”在新发展阶段，开放教育肩负时代重任，迫切需要在新的历史起点上全面推进高质量开放教育教师队伍建设，系统提升开放教育教师的教书育人能力，建设高质量开放教育体系，有力支撑开放教育高质量发展。

新时代开放教育教师队伍建设就是要建设一流的教师队伍，为创建一流开放大学提供基础和保障。教师队伍建设的关键在于深化改革，而改革的关键在于突破体制机制障碍，大胆进行体制机制创新。我们必须深入落实党中央关于教师队伍建设的重大决策部署，进一步谋划促进教师队伍建设和发展的改革举措，努力造就一支高素质专业化创新型开放教育教师队伍。

当下，应以新时代开放教育教师队伍建设改革为新起点、新契机，坚持开放教育整体内涵式发展，致力教育创新，彰显开放特色，努力推进开放教育系统高质量发展进程。

CONTENTS

目 录

第一部分 读原文 懂要义

第二部分　从理论　看现状

第三部分 抓落实 重实践

第一部分

读原文　懂要义

全面加强教师思想政治和师德师风建设

1.1 新时代高校教师职业行为十项准则（教师〔2018〕16号）

教师是人类灵魂的工程师，是人类文明的传承者。长期以来，广大教师贯彻党的教育方针，教书育人，呕心沥血，默默奉献，为国家发展和民族振兴作出了重大贡献。新时代对广大教师落实立德树人根本任务提出新的更高要求，为进一步增强教师的责任感、使命感、荣誉感，规范职业行为，明确师德底线，引导广大教师努力成为有理想信念、有道德情操、有扎实学识、有仁爱之心的好老师，着力培养德智体美劳全面发展的社会主义建设者和接班人，特制定以下准则。

一、坚定政治方向。坚持以习近平新时代中国特色社会主义思想为指导，拥护中国共产党的领导，贯彻党的教育方针；不得在教育教学活动中及其他场合有损害党中央权威、违背党的路线方针政策的言行。

二、自觉爱国守法。忠于祖国，忠于人民，恪守宪法原则，遵守法律法规，依法履行教师职责；不得损害国家利益、社会公共利益，或违背社会公序良俗。

三、传播优秀文化。带头践行社会主义核心价值观，弘扬真善美，传递正能量；不得通过课堂、论坛、讲座、信息网络及其他渠道发表、转发错误观点，或编造散布虚假信息、不良信息。

四、潜心教书育人。落实立德树人根本任务，遵循教育规律和学生成长规律，因材施教，教学相长；不得违反教学纪律，敷衍教学，或擅自从事影响教育教学本职工作的兼职兼薪行为。

五、关心爱护学生。严慈相济，诲人不倦，真心关爱学生，严格要求学生，做学生良师益友；不得要求学生从事与教学、科研、社会服务无关的事宜。

六、坚持言行雅正。为人师表，以身作则，举止文明，作风正派，自重自爱；不得与学生发生任何不正当关系，严禁任何形式的猥亵、性骚扰行为。

七、遵守学术规范。严谨治学，力戒浮躁，潜心问道，勇于探索，坚守学术良知，反对学术不端；不得抄袭剽窃、篡改侵吞他人学术成果，或滥用学术资源和学术影响。

八、秉持公平诚信。坚持原则，处事公道，光明磊落，为人正直；不得在招生、考试、推优、保研、就业及绩效考核、岗位聘用、职称评聘、评优评奖等工作中徇私舞弊、弄虚作假。

九、坚守廉洁自律。严于律己，清廉从教；不得索要、收受学生及家长财物，不得参加由学生及家长付费的宴请、旅游、娱乐休闲等活动，或利用家长资源谋取私利。

十、积极奉献社会。履行社会责任，贡献聪明才智，树立正确义利观；不得假公济私，擅自利用学校名义或校名、校徽、专利、场所等资源谋取个人利益。

1.2 关于高校教师师德失范行为处理的指导意见（教师〔2018〕17号）

为进一步规范高校教师履职履责行为，落实立德树人根本任务，弘扬新时代高校教师道德风尚，努力建设有理想信念、有道德情操、有扎实学识、有仁爱之心的高校教师队伍，现就教师违反《高等学校教师职业道德规范》《教育部关于建立健全高校师德建设长效机制的意见》和《新时代高校教师职业行为十项准则》等规定，发生师德失范行为的处理提出如下指导意见。

一、各高校要严格落实师德建设主体责任，建立完善党委统一领导、党政齐抓共管、牵头部门明确、院（系）具体落实、教师自我约束的工作机制。党委书记和校长抓师德同责，是师德建设第一责任人。院（系）行政主要负责人对本单位师德建设负直接领导责任，院（系）党组织主要负责人也负有直接领导责任。

二、高校教师要自觉加强师德修养，严格遵守师德规范，严以律己，为人师表，把教书育人和自我修养结合起来，坚持以德立身、以德立学、以德施教、以德育德。发生师德失范行为，本人要承担相应责任。

三、对高校教师师德失范行为实行“一票否决”。高校教师出现违反师德行为的，根据情节轻重，给予相应处理或处分。情节较轻的，给予批评教育、诫勉谈话、责令检查、通报批评，以及取消其在评奖评优、职务晋升、职称评定、岗位聘用、工资晋级、干部选任、申报人才计划、申报科研项目等方面的资格。担任研究生导师的，还应采取限制招生名额、停止招生资格直至取消导师资格的处理。以上取消相关资格处理的执行期限不得少于24个月。情节较重应当给予处分的，还应根据《事业单位工作人员处分暂行规定》给予行政处分，包括警告、记过、降低岗位等级或撤职、开除，需要解除聘用合同的，按照《事业单位人事管理条例》相关规定进行处理。情节严重、影响恶劣的，应当依据《教师资格条例》报请主管教育部门撤销其教师资格。是中共党员的，同时给予党纪处分。涉嫌违法犯罪的，及时移送司法机关依法处理。

四、对师德失范行为的处理，应坚持公平公正、教育与惩处相结合的原则，做到事实清楚、证据确凿、定性准确、处理适当、程序合法、手续完备。

五、高校要建立健全师德失范行为受理与调查处理机制，指定或设立专门组织负责，明确受理、调查、认定、处理、复核、监督等处理程序。在教师师德失范行为调查过程中，应听取教师本人的陈述和申辩，同时当事各方均不应公开调查的有关内容。教师对处理决定不服的，按照国家有关规定提出复核、申诉。对高校教师的处理，在期满后根据悔改表现予以延期或解除，处理决定和处理解除决定都应完整存入个人人事档案。

六、高校师德师风建设要坚持权责对等、分级负责、层层落实、失责必问、问责必严的原则。对于相关单位和责任人不履行或不正确履行职责，有下列情形之一的，根据职责权限和责任划分进行问责：

（一）师德师风制度建设、日常教育监督、舆论宣传、预防工作不到位；

（二）师德失范问题排查发现不及时；

（三）对已发现的师德失范行为处置不力、方式不当；

（四）已作出的师德失范行为处理决定落实不到位，师德失范行为整改不彻底；

（五）多次出现师德失范问题或因师德失范行为引起不良社会影响；

（六）其他应当问责的失职失责情形。

七、教师出现师德失范问题，所在院（系）行政主要负责人和党组织主要负责人需向学校分别做出检讨，由学校依据有关规定视情节轻重采取约谈、诫勉谈话、通报批评、纪律处分和组织处理等方式进行问责。

八、教师出现师德失范问题，学校需向上级主管部门做出说明，并引以为戒，进行自查自纠与落实整改。如有学校反复出现师德失范问题，分管校领导应向学校做出检讨，学校应在上级主管部门督导下进行整改。

九、各地各校应当依据本意见制定高校教师师德失范行为负面清单及处理办法，并报上级主管部门备案。

十、民办高校的劳动人事管理执行《中华人民共和国劳动合同法》规定，对教师师德失范行为的处理，遵照本指导意见执行。

1.3　关于加强和改进新时代师德师风建设的意见（教师〔2019〕10号）

为认真贯彻落实《新时代公民道德建设实施纲要》，深入推进实施《中共中央 国务院关于全面深化新时代教师队伍建设改革的意见》，全面提升教师思想政治素质和职业道德水平，现就加强和改进新时代师德师风建设提出如下意见。

一、加强师德师风建设的总体要求

1. 指导思想。以习近平新时代中国特色社会主义思想为指导，深入学习贯彻习近平总书记关于教育的重要论述和全国教育大会精神，把立德树人的成效作为检验学校一切工作的根本标准，把师德师风作为评价教师队伍素质的第一标准，将社会主义核心价值观贯穿师德师风建设全过程，严格制度规定，强化日常教育督导，加大教师权益保护力度，倡导全社会尊师重教，激励广大教师努力成为“四有”好老师，着力培养德智体美劳全面发展的社会主义建设者和接班人。

2. 基本原则

——坚持正确方向。加强党对教育工作的全面领导，坚持社会主义办学方向，确保教师在落实立德树人根本任务中的主体作用得到全面发挥。

——坚持尊重规律。遵循教育规律、教师成长发展规律和师德师风建设规律，注重高位引领与底线要求结合、严管与厚爱并重，不断激发教师内生动力。

——坚持聚焦重点。围绕重点内容，针对突出问题，强化各地各部门的领导责任，压实学校主体责任，引导家庭、社会协同配合，推进师德师风建设工作制度化、常态化。

——坚持继承创新。传承中华优秀师道传统，全面总结改革开放特别是党的十八大以来师德师风建设经验，适应新时代变化，加强创新，推动师德师风建设工作不断深化。

3. 总体目标。经过5年左右努力，基本建立起完备的师德师风建设制度体系和有效的师德师风建设长效机制。教师思想政治素质和职业道德水平全面提升，教师敬业立学、崇德尚美呈现新风貌。教师权益保障体系基本建立，教师安心、热心、舒心、静心从教的良好环境基本形成，师道尊严进一步提振。全社会对教师职业认同度加深，教师政治地位、社会地位、职业地位显著提高，尊师重教蔚然成风。

二、全面加强教师队伍思想政治工作

4. 坚持思想铸魂，用习近平新时代中国特色社会主义思想武装教师头脑。健全教师理论学习制度，开展习近平新时代中国特色社会主义思想系统化、常态化学习，重点加强习近平总书记关于教育的重要论述的学习，使广大教师学懂弄通、入脑入心，自觉用“四个意识”导航，用“四个自信”强基，用“两个维护”铸魂。依托高水平高校建设一批教育基地，同时统筹党校（行政学院）资源，定期开展教师思想政治轮训，使广大教师更好掌握马克思主义立场观点方法，认清中国和世界发展大势，增进对中国特色社会主义的政治认同、思想认同、理论认同、情感认同。

5. 坚持价值导向，引导教师带头践行社会主义核心价值观。将社会主义核心价值观融入教育教学全过程，体现到学校管理及校园文化建设各环节，进一步凝聚起师生员工思想共识，使之成为共同价值追求。弘扬中华优秀传统文化、革命文化和社会主义先进文化，培育科技创新文化，充分发挥文化涵养师德师风功能。身教重于言教，引导教师开展社会实践，深入了解世情、党情、国情、社情、民情，强化教育强国、教育为民的责任担当。健全教师志愿服务制度，鼓励支持广大教师参加志愿服务活动，在服务社会的实践中厚植教育情怀。重视高层次人才、海外归国教师、青年教师的教育引导，增强工作针对性。

6. 坚持党建引领，充分发挥教师党支部和党员教师作用。建强教师党支部，使教师党支部成为涵养师德师风的重要平台。建好党员教师队伍，使党员教师成为践行高尚师德的中坚力量。重视在高层次人才和优秀青年教师中发展党员工作，完善学校领导干部联系教师入党积极分子等制度。开展好“三会一课”，健全党的组织生活各项制度，通过组织集中学习、定期开展主题党日活动、经常开展谈心谈话、组织党员教师与非党员教师结对联系等，充分发挥教师党支部的战斗堡垒作用和党员教师的先锋模范作用。涉及教师利益的重要事项、重点工作，应征求教师党支部意见。

三、大力提升教师职业道德素养

7. 突出课堂育德，在教育教学中提升师德素养。充分发挥课堂主渠道作用，引导广大教师守好讲台主阵地，将立德树人放在首要位置，融入渗透到教育教学全过程，以心育心、以德育德、以人格育人格。把握学生身心发展规律，实现全员全过程全方位育人，增强育人的主动性、针对性、实效性，避免重教书轻育人倾向。加强对新入职教师、青年教师的指导，通过老带新等机制，发挥传帮带作用，使其尽快熟悉教育规律、掌握教育方法，在育人实践中锤炼高尚道德情操。将师德师风教育贯穿师范生培养及教师生涯全过程，师范生必须修学师德教育课程，在职教师培训中要确保每学年有师德师风专题教育。

8. 突出典型树德，持续开展优秀教师选树宣传。大力宣传新时代广大教师阳光美丽、爱岗敬业、甘于奉献、改革创新的新形象。深入挖掘优秀教师典型，综合运用授予荣誉、事迹报告、媒体宣传、创作文艺作品等手段，充分发挥典型引领示范和辐射带动作用。开展多层次的优秀教师选树宣传活动，形成校校有典型、榜样在身边、人人可学可做的局面。组织教师中的“时代楷模”、全国教书育人楷模、国家教学名师、最美教师等开展师德宣讲。鼓励各地各校采取实践反思、情景教学等形式，把一线优秀教师请进课堂，用真人真事诠释师德内涵。

9. 突出规则立德，强化教师的法治和纪律教育。以学习《中华人民共和国教师法》《新时代教师职业行为十项准则》等系列文件为重点，提高全体教师的法治素养、规则意识，提升依法执教、规范执教能力。制订教师法治教育大纲，将法治教育纳入各级各类教师培训体系。强化纪律建设，全面梳理教师在课堂教学、关爱学生、师生关系、学术研究、社会活动等方面的纪律要求，依法依规健全规范体系，开展系统化、常态化宣传教育。加强警示教育，引导广大教师时刻自重、自省、自警、自励，坚守师德底线。

四、将师德师风建设要求贯穿教师管理全过程

10. 严格招聘引进，把好教师队伍入口。规范教师资格申请认定，完善教师招聘和引进制度，严格思想政治和师德考察，充分发挥党组织的领导和把关作用，建立科学完备的标准、程序，坚决避免教师招聘引进中的唯分数、唯文凭、唯职称、唯论文、唯帽子等倾向。鼓励有条件的地方和学校结合实际探索开展拟聘人员心理健康测评，作为聘用的重要参考。严格规范教师聘用，将思想政治和师德要求纳入教师聘用合同。加强试用期考察，全面评价聘用人员的思想政治和师德表现，对不合格人员取消聘用，及时解除聘用合同。高度重视从海外引进人才的全方位考察，提升人才引进质量。

11. 严格考核评价，落实师德第一标准。将师德考核摆在教师考核的首要位置，坚持多主体多元评价，以事实为依据，定性与定量相结合，提高评价的科学性和实效性，全面客观评价教师的师德表现。发挥师德考核对教师

行为的约束和提醒作用，及时将考核发现的问题向教师反馈，并采取针对性举措帮助教师提高认识、加强整改。强化师德考核结果的运用，师德考核不合格者年度考核应评定为不合格，并取消在教师职称评聘、推优评先、表彰奖励、科研和人才项目申请等方面的资格。

12. 严格师德督导，建立多元监督体系。完善多方广泛参与、客观公正科学合理的师德师风监督机制。加强政府督导，将各级各类学校师德师风建设长效机制落实情况作为对地方政府履行教育职责评价的重要测评内容，针对群众反映强烈的问题、师德师风问题多发的地方开展专项督导。加强学校监督，各级各类学校要在校园显著位置公示学校及教育主管部门举报电话、邮箱等信息，依法依规接受监督举报。强化社会监督，探索建立师德师风监督员制度，定期对学校师德师风建设情况进行监督评议，向教育主管部门反馈，将监督评议情况作为学校及领导班子年度考核的重要内容。

13. 严格违规惩处，治理师德突出问题。推动地方和高校落实新时代教师职业行为十项准则等文件规范，制定具体细化的教师职业行为负面清单。把群众反映强烈、社会影响恶劣的突出问题作为重点从严查处，针对高校教师性骚扰学生、学术不端以及中小学教师违规有偿补课、收受学生和家长礼品礼金等开展集中治理。一经查实，要依规依纪给予组织处理或处分，严重的依法撤销教师资格、清除出教师队伍。建立师德失范曝光平台，健全师德违规通报制度，起到警示震慑作用。建立并共享有关违法信息库，健全教师入职查询制度和有关违法犯罪人员从教限制制度。

五、着力营造全社会尊师重教氛围

14. 强化地位提升，激发教师工作热情。制定教育改革发展和教师队伍建设重大决策、重要文件充分听取教师代表意见。各地重要节庆日活动，邀请优秀教师代表参加。做好优秀教师表彰奖励，依法依规在作出重大贡献、享有崇高声誉的教师中开展“人民教育家”荣誉称号评选授予工作，健全教书育人楷模、模范教师、优秀教师等多元的教师荣誉表彰体系。完善表彰奖励及管理办法，依法依规确定荣誉获得者享受的政治、生活待遇，加强对荣誉获得者后续支持服务。

15. 强化权利保护，维护教师职业尊严。维护教师依法执教的职业权利，推动完善相关法律法规，明确教师教育管理学生的合法职权，研究出台教师惩戒权办法。学校和相关部门依法保障教师履行教育职责，对无过错但客观上发生学生意外伤害的，教师依法不承担责任。教师尊严不可侵害，对发生学生、家长及其亲属等因为教师履职行为而对教师进行侮辱、谩骂、肢体侵害，或者通过网络对教师进行诽谤、恶意炒作等行为，有关部门要高度重视，从严处理，构成违法犯罪的，依法追究相应责任。学校及教育部门应为教师维护合法权益提供必要的法律等方面支持。

16. 强化尊师教育，厚植校园师道文化。从幼儿园开始加强尊师教育，加快形成接续我国优秀传统、符合时代精神的尊师重教文化。推进尊师文化进教材、进课堂、进校园，通过尊师第一课、9 月尊师主题月等形式，将尊师重教观念渗透进学生的价值体系。有条件的地方和学校可结合实际统筹有关资源，因地制宜安排一线教师特别是长期从教教师进行疗休养，重点向符合条件的班主任和乡村教师倾斜。做好教师荣休工作，礼敬退休教师，弘扬尊师风尚。建立健全教职工代表大会制度，保障教师参与学校决策的民主权利。加强家庭教育，健全家校联系制度，引导家长尊重学校教育安排，尊敬教师创造发挥，配合学校做好学生的学习教育。

17. 强化各方联动，营造尊师重教氛围。加强展现新时代教师风貌的影视文学作品创作，善用微博、微信、微视频、微电影等新媒体形式，传递教师正能量，让全社会广泛了解教师工作的重要性和特殊性。支持鼓励行业企业在向社会公众提供服务时“教师优先”。鼓励图书馆、博物馆、科技馆、体育场馆以及历史文化古迹和革命纪念馆（地）等对教师实行优待。鼓励社会团体、企业、民间组织对教师出资奖励，或通过依法成立基金、设立项目等方式，支持教师提升能力素质、进行疗休养或予以奖励激励。

六、推进师德师风建设任务落到实处

18. 加强工作保障，强化责任落实。各地各校要把加强师德师风建设、弘扬尊师重教传统作为教师队伍建设的首要任务，夯实学校主体责任，压实学校主要负责人第一责任人责任。高校要强化党委教师工作部建设，明确将教师思想政治和师德师风建设作为其主要职责。各地各校要建立健全责任落实机制，坚持失责必问、问责必严。财政部门要坚持将教师队伍建设作为教育投入重点予以优先保障，按规定统筹现有资金渠道支持师德师风建设。依托现有资源，建设一批师德师风建设基地，加强工作支撑，提高师德师风建设工作的科学性、实效性。

1.4　关于完善高校教师思想政治和师德师风建设工作体制机制的指导意见（教党〔2021〕79号）

为贯彻落实习近平总书记关于教育的重要论述，深入落实中共中央、国务院《关于加强和改进新形势下高校思想政治工作的意见》《关于全面深化新时代教师队伍建设改革的意见》等文件要求，进一步加强党对高校教师工作的领导，完善教师思想政治和师德师风建设工作体制机制，落实师德师风第一标准，建设政治素质过硬、业务能力精湛、育人水平高超的高素质教师队伍，提出如下指导意见。

一、目标任务

完善党对高校教师工作领导的制度，准确把握新时期知识分子特点，构建党委集中统一领导，党政齐抓共管，教师工作部门统筹协调，各部门履职尽责、协同配合的大教师工作格局。建立健全学校党委、院（系）党组织、教师党支部三级联动的教师工作机制，强化基层党组织在教师思想政治和师德师风建设工作中的作用。建实建强党委教师工作部，选优配齐专职工作队伍，不断提升教师思想政治和师德师风建设工作水平。通过一系列完善体制机制的举措，引导广大教师在实现第二个百年奋斗目标新征程上，坚定为党育人、为国育才初心使命，争做“四有”好老师，努力成为“大先生”，把为学、为事、为人统一起来，为培养德智体美劳全面发展的社会主义建设者和接班人作出新的更大贡献。

二、加强高校党委对教师工作的领导

1. 强化党委统一领导。高校党委要把教师思想政治和师德师风建设作为重要的基础工作，始终将党的领导贯穿教师队伍建设全过程，以正确的政治方向和价值导向引领教师思想政治素质、师德素养和业务能力全面提升。高校党委常委会每学期至少研究1次教师思想政治和师德师风建设工作。学校主要负责人是学校教师工作的第一责任人，分管教师思想政治和师德师风建设工作的负责人是直接责任人，其他班子成员要履行“一岗双责”，分工负责、履职尽责、狠抓落实。

2. 成立党委教师工作委员会。高校成立由党委书记任主任。分管负责人任副主任，党委教师工作部及组织、宣传、统战、纪检监察、人事、教学、科研、工会等相关部门组成的党委教师工作委员会，在学校党委领导下，研究审议学校教师思想政治和师德师风建设工作重大事项，指导相关部门开展工作。学校要理顺党委教师工作委员会与其他现有工作机构间的运行关系和职能划分。党委教师工作委员会各成员单位要明确工作职责，完善工作机制，确保任务落实。委员会办公室设在党委教师工作部，代表党委履行党管教师工作的职能，统筹协调学校教师思想政治和师德师风建设工作。

三、进一步发挥党委教师工作部作用

3. 制定制度规范和工作规划。牵头制定教师思想政治和师德师风建设相关规章制度，推动制度体系建设。制定学校关于教师思想政治和师德师风建设工作规划等，明确工作目标、任务和部门分工。

4. 统筹开展教师思想政治和师德师风教育。会同相关部门加强教职工政治理论学习制度体系建设，注重运用新技术手段，强化思想引领。加强社会主义核心价值观教育，进一步凝聚思想共识，使之成为全体教师的共同价值追求。加强新时代高校教师职业行为十项准则教育，使教师做到应知应会并转化为行动自觉。强化教师法治教育，提升依法执教、规范执教能力。加强党史、新中国史、改革开放史、社会主义发展史和中华优秀传统文化、革命文化、社会主义先进文化的学习教育，充分发挥历史文化涵养师德师风功能。组织各类社会实践活动，引导教师深入了解世情、党情、国情、社情、民情。

5. 实施师德考核评价。将教师思想政治素质和师德师风作为教师招聘引进、职称评审、岗位聘用、导师遴选、评优奖励、聘期考核、项目申报等的首要要求和第一标准。严格教师思想政治和师德考核，注重运用考核结果，考核不合格者年度考核评定为不合格，并取消在教师职称评聘、岗位聘用、评优奖励、项目申报和研究生招生等方面的资格。指导院（系）开展教师思想政治和师德考核评价，定期提交考核报告。

6. 统筹开展教师激励工作。建立健全教师荣誉制度，选树表彰优秀教师，讲好师德故事，发挥优秀典型示范引领作用。组织好教师节、教师入职、评优评先、教师荣休等重要节点活动，强化尊师教育，厚植师道文化。加强对教师的人文关怀，强化权益保护，维护教师职业尊严。协同完善教师发展体系，推动解决教师实际问题，增强教师的幸福感、获得感。

7. 统筹师德违规惩处工作。协调学校相关部门按照职能分工对师德失范行为进行调查处理，督促处理决定落实。健全师德违规通报制度，加强案例分析和警示教育。定期向主管部门报送学校师德违规处理情况。对因严重师德违规问题撤销教师资格和违法犯罪丧失教师资格的人员录入教师资格限制库，实行教育全行业禁入。

四、加强相关部门协同

8. 加强部门分工协作。学校党委组织部要发挥教师党支部在教师思想政治和师德师风建设中的作用，加强对优秀教师的政治引领和政治吸纳。党委宣传部要加强教师意识形态工作和政治理论学习，大力宣传优秀教师典型。党委统战部要加强对党外教师的思想引领和团结教育。纪检监察部门要对涉及党员教师违反党纪和监察对象违反政纪的案件依纪依规进行查处，对履职不力的单位或个人进行问责。人事人才部门要在教师管理中将思想政治素质、师德师风和业务能力考察落到实处，严把选聘考核关。教学管理部门要做好教育教学过程中的思想政治和师德师风建设，推动课程思政与思政课程同向同行，提高教师教书育人能力。科研管理部门要抓好科研诚信教育，加强科研经费管理，做好学术不端问题查处。工会组织要维护教师合法权益，加强教师身心关怀。其他相关部门要通力合作，分工负责，共同做好教师思想政治和师德师风建设工作。

9. 健全会商协调机制。根据工作需要，召开工作例会、部门联席会、专题会等，传达上级关于教师工作的部署要求，通报教师思想政治和师德师风建设工作情况，研究制度规划、评奖评优、处理处分等重要事项，督促工作进展，交流总结经验，推动工作落实。

10. 建立奖惩联动机制。涉及教师的各级各类荣誉表彰事前须由院（系）

进行师德审核，向党委教师工作部备案。建立教师违规信息沟通机制，相关部门及时共享线索信息。建立联合调查和处理机制，完善党纪处分、行政处分、师德处理的衔接。注重运用大数据等多种手段分析研判教师思想动态，建立师德电子档案，加强部门间信息共享。

五、压实院（系）直接责任

11. 推动教师思想政治建设与业务能力建设相融合。院（系）要切实履行直接责任，贯彻落实师德师风第一标准，严格师德考核评价，常态化推进师德培育涵养。有针对性做好教师思想政治工作，落实教师政治理论学习要求，把思想政治和师德师风建设体现在具体业务中，同谋划、同部署、同推进、同考核。对拟聘新任教师，严把政治关和师德关，推动教师思想政治工作、师德师风建设业务能力培养相融合。

12. 压实院（系）主要负责人责任。院长（系主任）与院（系）党组织书记是院（系）教师思想政治和师德师风建设工作第一责任人，分管负责人为直接责任人。要做好日常提醒和教育，经常性开展谈心谈话，把握教师思想动态，排查问题隐患，重视教师身心健康，关心和解决教师的实际问题。要统筹资源，加强教师思想引导、培训培养、发展咨询、实践锻炼等工作，提高教师思想政治素质和育德育人能力。

13. 强化教师党支部政治功能。发挥教师党支部教育管理监督党员和组织宣传凝聚服务广大师生的作用，做好发展教师党员工作，重点加强对青年教师、海外归国教师和高层次人才的政治引领和政治吸纳。党员担任院（系）负责人原则上要有基层党务工作经历。把教师思想政治素质和师德考评作为党支部发挥政治功能的重要抓手，在教师成长和管理各环节发挥政治和师德双把关作用。

六、强化工作保障

14. 配齐建强工作力量。优化工作机构设置，有条件成立党委教师工作部的高校，党委教师工作部原则上应作为党委部门单独设置，确需与其他部门合署办公的，应明确职责分工。要选优配齐党委教师工作部专职工作队伍，院（系）要明确分管教师工作的负责人和工作人员。建立专兼职结合的教师思想政治工作队伍，通过培训培养、课题研究、实践锻炼等方式，不断提升工作队伍素质能力和专业水平。

15. 强化资源支撑保障。各高校要为开展教师思想政治和师德师风工作提供必要的经费保障，并提供必要的办公场所和教师谈心谈话、团体辅导、交流研讨等思想政治工作专门场地。

16. 健全责任落实机制。学校要将开展教师思想政治和师德师风建设情况作为院（系）和相关部门主要负责人年度述职考核的重要内容，作为领导干部选拔任用、培养教育和奖励激励的重要依据，作为评价所在单位年度工作情况的重要参考，作为校内巡视巡察的重要观测点。教育部将直属高校抓落实情况作为高校党委和领导人员政治能力提升的重要指标，通过在部党组常规巡视中继续嵌入开展高校教师思想政治和师德师风建设工作专项检查等方式，督促各项工作落地见效。坚持失责必问、问责必严，根据职责权限和责任划分，对履责不力的相关单位和责任人要依纪依规问责。

2 大力加强新时代教师队伍建设

2.1 关于全面深化新时代教师队伍建设改革的意见（2018）

百年大计，教育为本；教育大计，教师为本。为深入贯彻落实党的十九大精神，造就党和人民满意的高素质专业化创新型教师队伍，落实立德树人根本任务，培养德智体美全面发展的社会主义建设者和接班人，全面提升国民素质和人力资源质量，加快教育现代化，建设教育强国，办好人民满意的教育，为决胜全面建成小康社会、夺取新时代中国特色社会主义伟大胜利、实现中华民族伟大复兴的中国梦奠定坚实基础，现就全面深化新时代教师队伍建设改革提出如下意见。

一、坚持兴国必先强师，深刻认识教师队伍建设的重要意义和总体要求

1. 战略意义。教师承担着传播知识、传播思想、传播真理的历史使命，肩负着塑造灵魂、塑造生命、塑造人的时代重任，是教育发展的第一资源，是国家富强、民族振兴、人民幸福的重要基石。党和国家历来高度重视教师工作。党的十八大以来，以习近平同志为核心的党中央将教师队伍建设摆在突出位置，作出一系列重大决策部署，各地区各部门和各级各类学校采取有力措施认真贯彻落实，教师队伍建设取得显著成就。广大教师牢记使命、不忘初衷，爱岗敬业、教书育人，改革创新、服务社会，作出了重要贡献。

当今世界正处在大发展大变革大调整之中，新一轮科技和工业革命正在孕育，新的增长动能不断积聚。中国特色社会主义进入新时代，开启了全面建设社会主义现代化国家的新征程。我国社会主要矛盾已经转化为人民日益增长的美好生活需要和不平衡不充分的发展之间的矛盾，人民对公平而有质量的教育的向往更加迫切。面对新方位、新征程、新使命，教师队伍建设还

不能完全适应。有的地方对教育和教师工作重视不够，在教育事业发展中重硬件轻软件、重外延轻内涵的现象还比较突出，对教师队伍建设的支持力度亟须加大；师范教育体系有所削弱，对师范院校支持不够；有的教师素质能力难以适应新时代人才培养需要，思想政治素质和师德水平需要提升，专业化水平需要提高；教师特别是中小学教师职业吸引力不足，地位待遇有待提高；教师城乡结构、学科结构分布不尽合理，准入、招聘、交流、退出等机制还不够完善，管理体制机制亟须理顺。时代越是向前，知识和人才的重要性就愈发突出，教育和教师的地位和作用就愈发凸显。各级党委和政府要从战略和全局高度充分认识教师工作的极端重要性，把全面加强教师队伍建设作为一项重大政治任务和根本性民生工程切实抓紧抓好。

2. 指导思想。全面贯彻落实党的十九大精神，以习近平新时代中国特色社会主义思想为指导，紧紧围绕统筹推进“五位一体”总体布局和协调推进“四个全面”战略布局，坚持和加强党的全面领导，坚持以人民为中心的发展思想，坚持全面深化改革，牢固树立新发展理念，全面贯彻党的教育方针，坚持社会主义办学方向，落实立德树人根本任务，遵循教育规律和教师成长发展规律，加强师德师风建设，培养高素质教师队伍，倡导全社会尊师重教，形成优秀人才争相从教、教师人人尽展其才、好教师不断涌现的良好局面。

3. 基本原则

——确保方向。坚持党管干部、党管人才，坚持依法治教、依法执教，坚持严格管理监督与激励关怀相结合，充分发挥党委（党组）的领导和把关作用，确保党牢牢掌握教师队伍建设的领导权，保证教师队伍建设正确的政治方向。

——强化保障。坚持教育优先发展战略，把教师工作置于教育事业发展的重点支持战略领域，优先谋划教师工作，优先保障教师工作投入，优先满足教师队伍建设需要。

——突出师德。把提高教师思想政治素质和职业道德水平摆在首要位置，把社会主义核心价值观贯穿教书育人全过程，突出全员全方位全过程师德养成，推动教师成为先进思想文化的传播者、党执政的坚定支持者、学生健康成长的指导者。

——深化改革。抓住关键环节，优化顶层设计，推动实践探索，破解发展瓶颈，把管理体制改革与机制创新作为突破口，把提高教师地位待遇作为真招实招，增强教师职业吸引力。

——分类施策。立足我国国情，借鉴国际经验，根据各级各类教师的不同特点和发展实际，考虑区域、城乡、校际差异，采取有针对性的政策举措，定向发力，重视专业发展，培养一批教师；加大资源供给，补充一批教师；创新体制机制，激活一批教师；优化队伍结构，调配一批教师。

4. 目标任务。经过5年左右努力，教师培养培训体系基本健全，职业发展通道比较畅通，事权人权财权相统一的教师管理体制普遍建立，待遇提升保障机制更加完善，教师职业吸引力明显增强。教师队伍规模、结构、素质能力基本满足各级各类教育发展需要。

到2035年，教师综合素质、专业化水平和创新能力大幅提升，培养造就数以百万计的骨干教师、数以十万计的卓越教师、数以万计的教育家型教师。教师管理体制机制科学高效，实现教师队伍治理体系和治理能力现代化。教师主动适应信息化、人工智能等新技术变革，积极有效开展教育教学。尊师重教蔚然成风，广大教师在岗位上有幸福感、事业上有成就感、社会上有荣誉感，教师成为让人羡慕的职业。

二、着力提升思想政治素质，全面加强师德师风建设

5. 加强教师党支部和党员队伍建设。将全面从严治党要求落实到每个教师党支部和教师党员，把党的政治建设摆在首位，用习近平新时代中国特色社会主义思想武装头脑，充分发挥教师党支部教育管理监督党员和宣传引导凝聚师生的战斗堡垒作用，充分发挥党员教师的先锋模范作用。选优配强教师党支部书记，注重选拔党性强、业务精、有威信、肯奉献的优秀党员教师担任教师党支部书记，实施教师党支部书记"双带头人"培育工程，定期开展教师党支部书记轮训。坚持党的组织生活各项制度，创新方式方法，增强党的组织生活活力。健全主题党日活动制度，加强党员教师日常管理监督。推进"两学一做"学习教育常态化制度化，开展"不忘初心、牢记使命"主题教育，引导党员教师增强政治意识、大局意识、核心意识、看齐意识，自

党爱党护党为党，敬业修德，奉献社会，争做“四有”好教师的示范标杆。重视做好在优秀青年教师、海外留学归国教师中发展党员工作。健全把骨干教师培养成党员，把党员教师培养成教学、科研、管理骨干的“双培养”机制。

配齐建强高等学校思想政治工作队伍和党务工作队伍，完善选拔、培养、激励机制，形成一支专职为主、专兼结合、数量充足、素质优良的工作力量。把从事学生思想政治教育计入高等学校思想政治工作兼职教师的工作量，作为职称评审的重要依据，进一步增强开展思想政治工作的积极性和主动性。

6. 提高思想政治素质。加强理想信念教育，深入学习领会习近平新时代中国特色社会主义思想，引导教师树立正确的历史观、民族观、国家观、文化观，坚定中国特色社会主义道路自信、理论自信、制度自信、文化自信。引导教师准确理解和把握社会主义核心价值观的深刻内涵，增强价值判断、选择、塑造能力，带头践行社会主义核心价值观。引导广大教师充分认识中国教育辉煌成就，扎根中国大地，办好中国教育。

加强中华优秀传统文化和革命文化、社会主义先进文化教育，弘扬爱国主义精神，引导广大教师热爱祖国、奉献祖国。创新教师思想政治工作方式方法，开辟思想政治教育新阵地，利用思想政治教育新载体，强化教师社会实践参与，推动教师充分了解党情、国情、社情、民情，增强思想政治工作的针对性和实效性。要着眼青年教师群体特点，有针对性地加强思想政治教育。落实党的知识分子政策，政治上充分信任，思想上主动引导，工作上创造条件，生活上关心照顾，使思想政治工作接地气、入人心。

7. 弘扬高尚师德。健全师德建设长效机制，推动师德建设常态化长效化，创新师德教育，完善师德规范，引导广大教师以德立身、以德立学、以德施教、以德育德，坚持教书与育人相统一、言传与身教相统一、潜心问道与关注社会相统一、学术自由与学术规范相统一，争做“四有”好教师，全心全意做学生锤炼品格、学习知识、创新思维、奉献祖国的引路人。

实施师德师风建设工程。开展教师宣传国家重大题材作品立项，推出一批让人喜闻乐见、能够产生广泛影响、展现教师时代风貌的影视作品和文学作品，发掘师德典型、讲好师德故事，加强引领，注重感召，弘扬楷模，形成强大正能量。注重加强对教师思想政治素质、师德师风等的监察监督，强化师德考评，体现奖优罚劣，推行师德考核负面清单制度，建立教师个人信用记录，完善诚信承诺和失信惩戒机制，着力解决师德失范、学术不端等问题。

三、大力振兴教师教育，不断提升教师专业素质能力

8. 加大对师范院校支持力度。实施教师教育振兴行动计划，建立以师范院校为主体、高水平非师范院校参与的中国特色师范教育体系，推进地方政府、高等学校、中小学“三位一体”协同育人。研究制定师范院校建设标准和师范类专业办学标准，重点建设一批师范教育基地，整体提升师范院校和师范专业办学水平。鼓励各地结合实际，适时提高师范专业生均拨款标准，提升师范教育保障水平。切实提高生源质量，对符合相关政策规定的，采取到岗退费或公费培养、定向培养等方式，吸引优秀青年踊跃报考师范院校和师范专业。完善教育部直属师范大学师范生公费教育政策，履约任教服务期调整为 6 年。改革招生制度，鼓励部分办学条件好、教学质量高院校的师范专业实行提前批次录取或采取入校后二次选拔方式，选拔有志于从教的优秀学生进入师范专业。加强教师教育学科建设。教育硕士、教育博士授予单位及授权点向师范院校倾斜。强化教师教育师资队伍建设，在专业发展、职称晋升和岗位聘用等方面予以倾斜支持。师范院校评估要体现师范教育特色，确保师范院校坚持以师范教育为主业，严控师范院校更名为非师范院校。开展师范类专业认证，确保教师培养质量。

9. 支持高水平综合大学开展教师教育。创造条件，推动一批有基础的高水平综合大学成立教师教育学院，设立师范专业，积极参与基础教育、职业教育教师培养培训工作。整合优势学科的学术力量，凝聚高水平的教学团队。发挥专业优势，开设厚基础、宽口径、多样化的教师教育课程。创新教师培养形态，突出教师教育特色，重点培养教育硕士，适度培养教育博士，造就学科知识扎实、专业能力突出、教育情怀深厚的高素质复合型教师。

10. 全面提高中小学教师质量，建设一支高素质专业化的教师队伍。提高教师培养层次，提升教师培养质量。推进教师培养供给侧结构性改革，为

义务教育学校侧重培养素质全面、业务见长的本科层次教师，为高中阶段教育学校侧重培养专业突出、底蕴深厚的研究生层次教师。大力推动研究生层次教师培养，增加教育硕士招生计划，向中西部地区和农村地区倾斜。根据基础教育改革发展需要，以实践为导向优化教师教育课程体系，强化“钢笔字、毛笔字、粉笔字和普通话”等教学基本功和教学技能训练，师范生教育实践不少于半年。加强紧缺薄弱学科教师、特殊教育教师和民族地区双语教师培养。开展中小学教师全员培训，促进教师终身学习和专业发展。转变培训方式，推动信息技术与教师培训的有机融合，实行线上线下相结合的混合式研修。改进培训内容，紧密结合教育教学一线实际，组织高质量培训，使教师静心钻研教学，切实提升教学水平。推行培训自主选学，实行培训学分管理，建立培训学分银行，搭建教师培训与学历教育衔接的“立交桥”。建立健全地方教师发展机构和专业培训者队伍，依托现有资源，结合各地实际，逐步推进县级教师发展机构建设与改革，实现培训、教研、电教、科研部门有机整合。继续实施教师国培计划。鼓励教师海外研修访学。

加强中小学校长队伍建设，努力造就一支政治过硬、品德高尚、业务精湛、治校有方的校长队伍。面向全体中小学校长，加大培训力度，提升校长办学治校能力，打造高品质学校。实施校长国培计划，重点开展乡村中小学骨干校长培训和名校长研修。支持教师和校长大胆探索，创新教育思想、教育模式、教育方法，形成教学特色和办学风格，营造教育家脱颖而出的制度环境。

11. 全面提高幼儿园教师质量，建设一支高素质善保教的教师队伍。办好一批幼儿师范专科学校和若干所幼儿师范学院，支持师范院校设立学前教育专业，培养热爱学前教育事业，幼儿为本、才艺兼备、擅长保教的高水平幼儿园教师。创新幼儿园教师培养模式，前移培养起点，大力培养初中毕业起点的五年制专科层次幼儿园教师。优化幼儿园教师培养课程体系，突出保教融合，科学开设儿童发展、保育活动、教育活动类课程，强化实践性课程，培养学前教育师范生综合能力。

建立幼儿园教师全员培训制度，切实提升幼儿园教师科学保教能力。加大幼儿园园长、乡村幼儿园教师、普惠性民办幼儿园教师的培训力度。创新幼儿园教师培训模式，依托高等学校和优质幼儿园，重点采取集中培训与跟岗实践相结合的方式培训幼儿园教师。鼓励师范院校与幼儿园协同建立幼儿园教师培养培训基地。

12. 全面提高职业院校教师质量，建设一支高素质双师型的教师队伍。继续实施职业院校教师素质提高计划，引领带动各地建立一支技艺精湛、专兼结合的双师型教师队伍。加强职业技术师范院校建设，支持高水平学校和大中型企业共建双师型教师培养培训基地，建立高等学校、行业企业联合培养双师型教师的机制。切实推进职业院校教师定期到企业实践，不断提升实践教学能力。建立企业经营管理者、技术能手与职业院校管理者、骨干教师相互兼职制度。

13. 全面提高高等学校教师质量，建设一支高素质创新型的教师队伍。着力提高教师专业能力，推进高等教育内涵式发展。搭建校级教师发展平台，组织研修活动，开展教学研究与指导，推进教学改革与创新。加强院系教研室等学习共同体建设，建立完善传帮带机制。全面开展高等学校教师教学能力提升培训，重点面向新入职教师和青年教师，为高等学校培养人才培育生力军。重视各级各类学校辅导员专业发展。结合“一带一路”建设和人文交流机制，有序推动国内外教师双向交流。支持孔子学院教师、援外教师成长发展。

服务创新型国家和人才强国建设、世界一流大学和一流学科建设，实施好千人计划、万人计划、长江学者奖励计划等重大人才项目，着力打造创新团队，培养引进一批具有国际影响力的学科领军人才和青年学术英才。加强高端智库建设，依托人文社会科学重点研究基地等，汇聚培养一大批哲学社会科学名家名师。高等学校高层次人才遴选和培育中要突出教书育人，让科学家同时成为教育家。

四、深化教师管理综合改革，切实理顺体制机制

14. 创新和规范中小学教师编制配备。适应加快推进教育现代化的紧迫需求和城乡教育一体化发展改革的新形势，充分考虑新型城镇化、全面二孩政策及高考改革等带来的新情况，根据教育发展需要，在现有编制总量内，统筹考虑、合理核定教职工编制，盘活事业编制存量，优化编制结构，向教

师队伍倾斜，采取多种形式增加教师总量，优先保障教育发展需要。落实城乡统一的中小学教职工编制标准，有条件的地方出台公办幼儿园人员配备规范、特殊教育学校教职工编制标准。创新编制管理，加大教职工编制统筹配置和跨区域调整力度，省级统筹、市域调剂、以县为主，动态调配。编制向乡村小规模学校倾斜，按照班师比与生师比相结合的方式核定。加强和规范中小学教职工编制管理，严禁挤占、挪用、截留编制和有编不补。实行教师编制配备和购买工勤服务相结合，满足教育快速发展需求。

15. 优化义务教育教师资源配置。实行义务教育教师“县管校聘”。深入推进县域内义务教育学校教师、校长交流轮岗，实行教师聘期制、校长任期制管理，推动城镇优秀教师、校长向乡村学校、薄弱学校流动。实行学区（乡镇）内走教制度，地方政府可根据实际给予相应补贴。

逐步扩大农村教师特岗计划实施规模，适时提高特岗教师工资性补助标准。鼓励优秀特岗教师攻读教育硕士。鼓励地方政府和相关院校因地制宜采取定向招生、定向培养、定期服务等方式，为乡村学校及教学点培养“一专多能”教师，优先满足老少边穷地区教师补充需要。实施银龄讲学计划，鼓励支持乐于奉献、身体健康的退休优秀教师到乡村和基层学校支教讲学。

16. 完善中小学教师准入和招聘制度。完善教师资格考试政策，逐步将修习教师教育课程、参加教育教学实践作为认定教育教学能力、取得教师资格的必备条件。新入职教师必须取得教师资格。严格教师准入，提高入职标准，重视思想政治素质和业务能力，根据教育行业特点，分区域规划，分类别指导，结合实际，逐步将幼儿园教师学历提升至专科，小学教师学历提升至师范专业专科和非师范专业本科，初中教师学历提升至本科，有条件的地方将普通高中教师学历提升至研究生。建立符合教育行业特点的中小学、幼儿园教师招聘办法，遴选乐教适教善教的优秀人才进入教师队伍。按照中小学校领导人员管理暂行办法，明确任职条件和资格，规范选拔任用工作，激发办学治校活力。

17. 深化中小学教师职称和考核评价制度改革。适当提高中小学中级、高级教师岗位比例，畅通教师职业发展通道。完善符合中小学特点的岗位管理制度，实现职称与教师聘用衔接。将中小学教师到乡村学校、薄弱学校任教1年以上的经历作为申报高级教师职称和特级教师的必要条件。推行中小学校长职级制改革，拓展职业发展空间，促进校长队伍专业化建设。

进一步完善职称评价标准，建立符合中小学教师岗位特点的考核评价指标体系，坚持德才兼备、全面考核，突出教育教学实绩，引导教师潜心教书育人。加强聘后管理，激发教师的工作活力。完善相关政策，防止形式主义的考核检查干扰正常教学。不简单用升学率、学生考试成绩等评价教师。实行定期注册制度，建立完善教师退出机制，提升教师队伍整体活力。加强中小学校长考核评价，督促提高素质能力，完善优胜劣汰机制。

18. 健全职业院校教师管理制度。根据职业教育特点，有条件的地方研究制定中等职业学校人员配备规范。完善职业院校教师资格标准，探索将行业企业从业经历作为认定教育教学能力、取得专业课教师资格的必要条件。落实职业院校用人自主权，完善教师招聘办法。推动固定岗和流动岗相结合的职业院校教师人事管理制度改革。支持职业院校专设流动岗位，适应产业发展和参与全球产业竞争需求，大力引进行业企业一流人才，吸引具有创新实践经验的企业家、高科技人才、高技能人才等兼职任教。完善职业院校教师考核评价制度，双师型教师考核评价要充分体现技能水平和专业教学能力。

19. 深化高等学校教师人事制度改革。积极探索实行高等学校人员总量管理。严把高等学校教师选聘入口关，实行思想政治素质和业务能力双重考察。严格教师职业准入，将新入职教师岗前培训和教育实习作为认定教育教学能力、取得高等学校教师资格的必备条件。适应人才培养结构调整需要，优化高等学校教师结构，鼓励高等学校加大聘用具有其他学校学习工作和行业企业工作经历教师的力度。配合外国人永久居留制度改革，健全外籍教师资格认证、服务管理等制度。帮助高等学校青年教师解决住房等困难。

推动高等学校教师职称制度改革，将评审权直接下放至高等学校，由高等学校自主组织职称评审、自主评价、按岗聘任。条件不具备、尚不能独立组织评审的高等学校，可采取联合评审的方式。推行高等学校教师职务聘任制改革，加强聘期考核，准聘与长聘相结合，做到能上能下、能进能出。教育、人力资源社会保障等部门要加强职称评聘事中事后监管。深入推进高等学校教师考核评价制度改革，突出教育教学业绩和师德考核，将教授为本科生上课作为基本制度。坚持正确导向，规范高层次人才合理有序流动。

五、不断提高地位待遇，真正让教师成为令人羡慕的职业

20. 明确教师的特别重要地位。凸显教师职业的公共属性，强化教师承担的国家使命和公共教育服务的职责，确立公办中小学教师作为国家公职人员特殊的法律地位，明确中小学教师的权利和义务，强化保障和管理。各级党委和政府要切实负起中小学教师保障责任，提升教师的政治地位、社会地位、职业地位，吸引和稳定优秀人才从教。公办中小学教师要切实履行作为国家公职人员的义务，强化国家责任、政治责任、社会责任和教育责任。

21. 完善中小学教师待遇保障机制。健全中小学教师工资长效联动机制，核定绩效工资总量时统筹考虑当地公务员实际收入水平，确保中小学教师平均工资收入水平不低于或高于当地公务员平均工资收入水平。完善教师收入分配激励机制，有效体现教师工作量和工作绩效，绩效工资分配向班主任和特殊教育教师倾斜。实行中小学校长职级制的地区，根据实际实施相应的校长收入分配办法。

22. 大力提升乡村教师待遇。深入实施乡村教师支持计划，关心乡村教师生活。认真落实艰苦边远地区津贴等政策，全面落实集中连片特困地区乡村教师生活补助政策，依据学校艰苦边远程度实行差别化补助，鼓励有条件的地方提高补助标准，努力惠及更多乡村教师。加强乡村教师周转宿舍建设，按规定将符合条件的教师纳入当地住房保障范围，让乡村教师住有所居。拿出务实举措，帮助乡村青年教师解决困难，关心乡村青年教师工作生活，巩固乡村青年教师队伍。在培训、职称评聘、表彰奖励等方面向乡村青年教师倾斜，优化乡村青年教师发展环境，加快乡村青年教师成长步伐。为乡村教师配备相应设施，丰富精神文化生活。

23. 维护民办学校教师权益。完善学校、个人、政府合理分担的民办学校教师社会保障机制，民办学校应与教师依法签订合同，按时足额支付工资，保障其福利待遇和其他合法权益，并为教师足额缴纳社会保险费和住房公积金。依法保障和落实民办学校教师在业务培训、职务聘任、教龄和工龄计算、表彰奖励、科研立项等方面享有与公办学校教师同等权利。

24. 推进高等学校教师薪酬制度改革。建立体现以增加知识价值为导向的收入分配机制，扩大高等学校收入分配自主权，高等学校在核定的绩效工资总量内自主确定收入分配办法。高等学校教师依法取得的科技成果转化奖励收入，不纳入本单位工资总额基数。完善适应高等学校教学岗位特点的内部激励机制，对专职从事教学的人员，适当提高基础性绩效工资在绩效工资中的比重，加大对教学型名师的岗位激励力度。

25. 提升教师社会地位。加大教师表彰力度。大力宣传教师中的“时代楷模”和“最美教师”。开展国家级教学名师、国家级教学成果奖评选表彰，重点奖励贡献突出的教学一线教师。做好特级教师评选，发挥引领作用。做好乡村学校从教 30 年教师荣誉证书颁发工作。各地要按照国家有关规定，因地制宜开展多种形式的教师表彰奖励活动，并落实相关优待政策。鼓励社会团体、企事业单位、民间组织对教师出资奖励，开展尊师活动，营造尊师重教良好社会风尚。

建设现代学校制度，体现以人为本，突出教师主体地位，落实教师知情权、参与权、表达权、监督权。建立健全教职工代表大会制度，保障教师参与学校决策的民主权利。推行中国特色大学章程，坚持和完善党委领导下的校长负责制，充分发挥教师在高等学校办学治校中的作用。维护教师职业尊严和合法权益，关心教师身心健康，克服职业倦怠，激发工作热情。

六、切实加强党的领导，全力确保政策举措落地见效

26. 强化组织保障。各级党委和政府要满腔热情关心教师，充分信任、紧紧依靠广大教师。要切实加强领导，实行一把手负责制，紧扣广大教师最关心、最直接、最现实的重大问题，找准教师队伍建设的突破口和着力点，坚持发展抓公平、改革抓机制、整体抓质量、安全抓责任、保证抓党建，把教师工作记在心里、扛在肩上、抓在手中，摆上重要议事日程，细化分工，确定路线图、任务书、时间表和责任人。主要负责同志和相关责任人要切实做到实事求是、求真务实，善始善终、善作善成，把准方向、敢于担当，亲力亲为、抓实工作。

各省、自治区、直辖市党委常委会每年至少研究一次教师队伍建设工作。建立教师工作联席会议制度，解决教师队伍建设重大问题。相关部门要

制定切实提高教师待遇的具体措施。研究修订教师法。统筹现有资源，壮大全国教师工作力量，培育一批专业机构，专门研究教师队伍建设重大问题，为重大决策提供支撑。

27. 强化经费保障。各级政府要将教师队伍建设作为教育投入重点予以优先保障，完善支出保障机制，确保党和国家关于教师队伍建设重大决策部署落实到位。优化经费投入结构，优先支持教师队伍建设最薄弱、最紧迫的领域，重点用于按规定提高教师待遇保障、提升教师专业素质能力。加大师范教育投入力度。健全以政府投入为主、多渠道筹集教育经费的体制，充分调动社会力量投入教师队伍建设的积极性。制定严格的经费监管制度，规范经费使用，确保资金使用效益。

各级党委和政府要将教师队伍建设列入督查督导工作重点内容，并将结果作为党政领导班子和有关领导干部综合考核评价、奖惩任免的重要参考，确保各项政策措施全面落实到位，真正取得实效。

2.2 关于加强新时代高校教师队伍建设改革的指导意见（教师〔2020〕10号）

为全面贯彻习近平总书记关于教育的重要论述和全国教育大会精神，深入落实中共中央、国务院印发的《关于全面深化新时代教师队伍建设改革的意见》和《深化新时代教育评价改革总体方案》，加强新时代高校教师队伍建设改革，现提出如下指导意见。

一、准确把握高校教师队伍建设改革的时代要求，落实立德树人根本任务

1. 指导思想。以习近平新时代中国特色社会主义思想为指导，落实立德树人根本任务，聚焦高校内涵式发展，以强化高校教师思想政治素质和师德师风建设为首要任务，以提高教师专业素质能力为关键，以推进人事制度改革为突破口，遵循教育规律和教师成长发展规律，为提高人才培养质量、增强科研创新能力、服务国家经济社会发展提供坚强的师资保障。

2. 目标任务。通过一系列改革举措，高校教师发展支持体系更加健全，

管理评价制度更加科学，待遇保障机制更加完善，教师队伍治理体系和治理能力实现现代化。高校教师职业吸引力明显增强，教师思想政治素质、业务能力、育人水平、创新能力得到显著提升，建设一支政治素质过硬、业务能力精湛、育人水平高超的高素质专业化创新型高校教师队伍。

二、全面加强党的领导，不断提升教师思想政治素质和师德素养

3. 加强思想政治引领。引导广大教师坚持“四个相统一”，争做“四有”好老师，当好“四个引路人”，增强“四个意识”、坚定“四个自信”、做到“两个维护”。强化党对高校的政治领导，增强高校党组织政治功能，加强党员教育管理监督，发挥基层党组织和党员教师作用。重视做好在优秀青年教师、留学归国教师中发展党员工作。完善教师思想政治工作组织管理体系，充分发挥高校党委教师工作部在教师思想政治工作和师德师风建设中的统筹作用。健全教师理论学习制度，全面提升教师思想政治素质和育德育人能力。加强民办高校思想政治建设，配齐建强民办高校思想政治工作队伍。

4. 培育弘扬高尚师德。常态化推进师德培育涵养，将各类师德规范纳入新教师岗前培训和在职教师全员培训必修内容。创新师德教育方式，通过榜样引领、情景体验、实践教育、师生互动等形式，激发教师涵养师德的内生动力。强化高校教师“四史”教育，规范学时要求，在一定周期内做到全员全覆盖。建好师德基地，构建师德教育课程体系。加大教师表彰力度，健全教师荣誉制度，高校可举办教师入职、荣休仪式，设立以教书育人为导向的奖励，激励教师潜心育人。鼓励社会组织和个人出资奖励教师。支持地方和高校建立优秀教师库，挖掘典型，强化宣传感召。持续推出主题鲜明、展现教师时代风貌的影视文学作品。

5. 强化师德考评落实。将师德师风作为教师招聘引进、职称评审、岗位聘用、导师遴选、评优奖励、聘期考核、项目申报等的首要要求和第一标准，严格师德考核，注重运用师德考核结果。高校新入职教师岗前须接受师德师风专题培训，达到一定学时、考核合格方可取得高等学校教师资格并上岗任教。切实落实主体责任，将师德师风建设情况作为高校领导班子年度考核的重要内容。落实《新时代高校教师职业行为十项准则》，依法依规严肃查处师德失范问题。建立健全师德违规通报曝光机制，起到警示震慑作用。

依托政法机关建立的全国性侵违法犯罪信息库等，建立教育行业从业限制制度。

三、建设高校教师发展平台，着力提升教师专业素质能力

6. 健全高校教师发展制度。高校要健全教师发展体系，完善教师发展培训制度、保障制度、激励制度和督导制度，营造有利于教师可持续发展的良性环境。积极应对新科技对人才培养的挑战，提升教师运用信息技术改进教学的能力。鼓励支持高校教师进行国内外访学研修，参与国际交流合作。继续实施高校青年教师示范性培训项目、高职教师教学创新团队建设项目。探索教师培训学分管理，将培训学分纳入教师考核内容。

7. 夯实高校教师发展支持服务体系。统筹教师研修、职业发展咨询、教育教学指导、学术发展、学习资源服务等职责，建实建强教师发展中心等平台，健全教师发展组织体系。高校要加强教师发展工作和人员专业化建设，加大教师发展的人员、资金、场地等资源投入，推动建设各级示范性教师发展中心。鼓励高校与大中型企事业单位共建教师培养培训基地，支持高校专业教师与行业企业人才队伍交流融合，提升教师实践能力和创新能力。发挥教学名师和教学成果奖的示范带动作用。

四、完善现代高校教师管理制度，激发教师队伍创新活力

8. 完善高校教师聘用机制。充分落实高校用人自主权，政府各有关部门不统一组织高校人员聘用考试，简化进人程序。高校根据国家有关规定和办学实际需要，自主制定教师聘用条件，自主公开招聘教师。不得将毕业院校、出国（境）学习经历、学习方式和论文、专利等作为限制性条件。严把高校教师选拔聘用入口关，将思想政治素质和业务能力双重考察落到实处。建立新教师岗前培训与高校教师资格相衔接的制度。拓宽选人用人渠道，加大从国内外行业企业、专业组织等吸引优秀人才力度。按要求配齐配优建强高校思政课教师队伍和辅导员队伍。探索将行业企业从业经历、社会实践经历作为聘用职业院校专业课教师的重要条件。研究出台外籍教师聘任和管理办法，规范外籍教师管理。

9. 加快高校教师编制岗位管理改革。积极探索实行高校人员总量管理。高校依法采取多元化聘用方式自主灵活用人，统筹用好编制资源，优先保障

教学科研需求，向重点学科、特色学科和重要管理岗位倾斜。合理设置教职员岗位结构比例，加强职员队伍建设。深入推进岗位聘用改革，实施岗位聘期制管理，进一步探索准聘与长聘相结合等管理方式，落实和完善能上能下、能进能出的聘用机制。

10. 强化高校教师教育教学管理。完善教学质量评价制度，多维度考评教学规范、教学运行、课堂教学效果、教学改革与研究、教学获奖等教学工作实绩。强化教学业绩和教书育人实效在绩效分配、职务职称评聘、岗位晋级考核中的比重，把承担一定量的本（专）科教学工作作为教师职称晋升的必要条件。将教授为本专科生上课作为基本制度，高校应明确教授承担本专科生教学最低课时要求，对未达到要求的给予年度或聘期考核不合格处理。

11. 推进高校教师职称制度改革。研究出台高校教师职称制度改革的指导意见，将职称评审权直接下放至高校，由高校自主评审、按岗聘任。完善教师职称评审标准，根据不同学科、不同岗位特点，分类设置评价指标，确定评审办法。不把出国（境）学习经历、专利数量和对论文的索引、收录、引用等指标要求作为限制性条件。完善同行专家评价机制，推行代表性成果评价。对承担国防和关键核心技术攻关任务的教师，探索引入贡献评价机制。完善职称评审程序，持续做好高校教师职称评审监管。

12. 深化高校教师考核评价制度改革。突出质量导向，注重凭能力、实绩和贡献评价教师，坚决扭转轻教学、轻育人等倾向，克服唯论文、唯帽子、唯职称、唯学历、唯奖项等弊病。规范高等学校 SCI 等论文相关指标使用，避免 SCI、SSCI、A&HCI、CSSCI 等引文数据使用中的绝对化，坚决摒弃“以刊评文”，破除论文“SCI 至上”。合理设置考核评价周期，探索长周期评价。注重个体评价与团队评价相结合。建立考核评价结果分级反馈机制。建立院校评估、本科教学评估、学科评估和教师评价政策联动机制，优化、调整制约和影响教师考核评价政策落实的评价指标。

13. 建立健全教师兼职和兼职教师管理制度。高校教师在履行校内岗位职责、不影响本职工作的前提下，经学校同意，可在校外兼职从事与本人学科密切相关并能发挥其专业能力的工作。地方和高校应建立健全教师兼职管理制度，规范教师合理兼职，坚决惩治教师兼职乱象。鼓励高校聘请校外专家学者等担任兼职教师，完善兼职教师管理办法，规范遴选聘用程序，明确兼职教师的标准、责任、权利和工作要求，确保兼职教师具有较高的师德素养、业务能力和育人水平。

五、切实保障高校教师待遇，吸引稳定一流人才从教

14. 推进高校薪酬制度改革。落实以增加知识价值为导向的收入分配政策，扩大高校工资分配自主权，探索建立符合高校特点的薪酬制度。探索建立高校薪酬水平调查比较制度，健全完善高校工资水平决定和正常增长机制，在保障基本工资水平正常调整的基础上，合理确定高校教师工资收入水平，并向高层次人才密集、承担教学科研任务较重的高校加大倾斜力度。高校教师依法取得的职务科技成果转化现金奖励计入当年本单位绩效工资总量，但不受总量限制，不纳入总量基数。落实高层次人才工资收入分配激励、兼职兼薪和离岗创业等政策规定。鼓励高校设立由第三方出资的讲席教授岗位。

15. 完善高校内部收入分配激励机制。落实高校内部分配自主权，高校要结合实际健全内部收入分配机制，完善绩效考核办法，向扎根教学一线、业绩突出的教师倾斜，向承担急难险重任务、作出突出贡献的教师倾斜，向从事基础前沿研究、国防科技等领域的教师倾斜。把参与教研活动，编写教材案例，承担命题监考任务，指导学生毕业设计、就业、创新创业、社会实践、学生社团、竞赛展演等情况计入工作量。激励优秀教师承担继续教育的教学工作，将相关工作量纳入绩效考核体系。不将论文数、专利数、项目数、课题经费等科研量化指标与绩效工资分配、奖励直接挂钩，切实发挥收入分配政策的激励导向作用。

六、优化完善人才管理服务体系，培养造就一批高层次创新人才

16. 优化人才引育体系。强化服务国家战略导向，加强人才体系顶层设计，发挥好国家重大人才工程的引领作用，着力打造高水平创新团队，培养一批具有国际影响力的科学家、学科领军人才和青年学术英才。规范人才引进，严把政治关、师德关，做到“凡引必审”。加强高校哲学社会科学人才和高端智库建设，汇聚培养一批哲学社会科学名师。坚持正确的人才流动导向，鼓励高校建立行业自律机制和人才流动协商沟通机制，发挥高校人才工

作联盟作用。坚决杜绝违规引进人才，未经人才计划主管部门同意，在支持周期内离开相关单位和岗位的，取消人才称号及相应支持。

17. 科学合理使用人才。充分发挥好人才战略资源作用，坚持正确的人才使用导向，分类推进人才评价机制改革，推动各类人才“帽子”、人才称号回归荣誉、回归学术的本质，避免同类人才计划重复支持，以岗择人、按岗定酬，不把人才称号作为承担科研项目、职称评聘、评优评奖、学位点申报的限制性条件。营造鼓励创新、宽容失败的学术环境，为人才开展研究留出足够的探索时间和试错空间。严格人才聘后管理，强化对合同履行和作用发挥情况的考核。加强对人才的关怀和服务，切实解决他们工作生活中的实际困难。

七、全力支持青年教师成长，培育高等教育事业生力军

18. 强化青年教师培养支持。鼓励高校扩大博士后招收培养数量，将博士后人员作为补充师资的重要来源。建立青年教师多元补充机制，大力吸引出国留学人员和外籍优秀青年人才。鼓励青年教师到企事业单位挂职锻炼和到国内外高水平大学、科研院所访学。鼓励高校对优秀青年人才破格晋升、大胆使用。根据学科特点确定青年教师评价考核周期，鼓励大胆创新、持续研究。高校青年教师晋升高一级职称，须有至少一年担任辅导员、班主任等学生工作经历，或支教、扶贫、参加孔子学院及国际组织援外交流等工作经历。

19. 解决青年教师后顾之忧。地方和高校要加强统筹协调，对符合公租房保障条件的，按政策规定予以保障，同时，通过发展租赁住房、盘活挖掘校内存量资源、发放补助等多种方式，切实解决青年教师的住房困难。鼓励采取多种办法提高青年教师待遇，确保青年教师将精力放在教学科研上。鼓励高校与社会力量、政府合作举办幼儿园和中小学，解决青年教师子女入托入学问题。重视青年教师身心健康，关心关爱青年教师。

八、强化工作保障，确保各项政策举措落地见效

20. 健全组织保障体系。将建设高素质教师队伍作为高校建设的基础性工作，强化学校主体责任，健全党委统一领导、统筹协调，教师工作、组织、宣传、人事、教务、科研等部门各负其责、协同配合的工作机制。建立

领导干部联系教师制度，定期听取教师意见和建议。落实教职工代表大会制度，依法保障教师知情权、参与权、表达权和监督权。加强民办高校教师队伍建设，依法保障民办高校教师与公办高校教师同等法律地位和同等权利。强化督导考核，把加强教师队伍建设工作纳入高校巡视、“双一流”建设、教学科研评估范围，作为各级党组织和党员干部工作考核的重要内容。加强优秀教师和工作典型宣传，维护教师合法权益，营造关心支持教师发展的社会环境，形成全社会尊师重教的良好氛围。

3 不断深化人事制度改革

3.1 深化新时代教育评价改革总体方案（2020）

教育评价事关教育发展方向，有什么样的评价指挥棒，就有什么样的办学导向。为深入贯彻落实习近平总书记关于教育的重要论述和全国教育大会精神，完善立德树人体制机制，扭转不科学的教育评价导向，坚决克服唯分数、唯升学、唯文凭、唯论文、唯帽子的顽瘴痼疾，提高教育治理能力和水平，加快推进教育现代化、建设教育强国、办好人民满意的教育，现制定如下方案。

一、总体要求

（一）指导思想。以习近平新时代中国特色社会主义思想为指导，全面贯彻党的十九大和十九届二中、三中、四中全会精神，全面贯彻党的教育方针，坚持社会主义办学方向，落实立德树人根本任务，遵循教育规律，系统推进教育评价改革，发展素质教育，引导全党全社会树立科学的教育发展观、人才成长观、选人用人观，推动构建服务全民终身学习的教育体系，努力培养担当民族复兴大任的时代新人，培养德智体美劳全面发展的社会主义建设者和接班人。

（二）主要原则。坚持立德树人，牢记为党育人、为国育才使命，充分发挥教育评价的指挥棒作用，引导确立科学的育人目标，确保教育正确发展方向。坚持问题导向，从党中央关心、群众关切、社会关注的问题入手，破立并举，推进教育评价关键领域改革取得实质性突破。坚持科学有效，改进结果评价，强化过程评价，探索增值评价，健全综合评价，充分利用信息技术，提高教育评价的科学性、专业性、客观性。坚持统筹兼顾，针对不同主体和不同学段、不同类型教育特点，分类设计、稳步推进，增强改革的系统性、整体性、协同性。坚持中国特色，扎根中国、融通中外，立足时代、面向未来，坚定不移走中国特色社会主义教育发展道路。

（三）改革目标。经过5至10年努力，各级党委和政府科学履行职责水平明显提高，各级各类学校立德树人落实机制更加完善，引导教师潜心育人的评价制度更加健全，促进学生全面发展的评价办法更加多元，社会选人用人方式更加科学。到2035年，基本形成富有时代特征、彰显中国特色、体现世界水平的教育评价体系。

二、重点任务

（一）改革党委和政府教育工作评价，推进科学履行职责

1. 完善党对教育工作全面领导的体制机制。各级党委要认真落实领导责任，建立健全党委统一领导、党政齐抓共管、部门各负其责的教育领导体制，履行好把方向、管大局、作决策、保落实的职责，把思想政治工作作为学校各项工作的生命线紧紧抓在手上，贯穿学校教育管理全过程，牢固树立科学的教育发展理念，坚决克服短视行为、功利化倾向。各级党委和政府要完善定期研究教育工作机制，建立健全党政主要负责同志深入教育一线调研、为师生上思政课、联系学校和年终述职必述教育工作等制度。

2. 完善政府履行教育职责评价。对省级政府主要考核全面贯彻党的教育方针和党中央关于教育工作的决策部署、落实教育优先发展战略、解决人民群众普遍关心的教育突出问题等情况，既评估最终结果，也考核努力程度及进步发展。各地根据国家层面确立的评价内容和指标，结合实际进行细化，作为对下一级政府履行教育职责评价的依据。

3. 坚决纠正片面追求升学率倾向。各级党委和政府要坚持正确政绩观，不得下达升学指标或以中高考升学率考核下一级党委和政府、教育部门、学校和教师，不得将升学率与学校工程项目、经费分配、评优评先等挂钩，不得通过任何形式以中高考成绩为标准奖励教师和学生，严禁公布、宣传、炒作中高考“状元”和升学率。对教育生态问题突出、造成严重社会影响的，依规依法问责追责。

（二）改革学校评价，推进落实立德树人根本任务

4. 坚持把立德树人成效作为根本标准。加快完善各级各类学校评价标

准，将落实党的全面领导、坚持正确办学方向、加强和改进学校党的建设以及党建带团建队建、做好思想政治工作和意识形态工作、依法治校办学、维护安全稳定作为评价学校及其领导人员、管理人员的重要内容，健全学校内部质量保障制度，坚决克服重智育轻德育、重分数轻素质等片面办学行为，促进学生身心健康、全面发展。

5. 完善幼儿园评价。重点评价幼儿园科学保教、规范办园、安全卫生、队伍建设、克服小学化倾向等情况。国家制定幼儿园保教质量评估指南，各省（自治区、直辖市）完善幼儿园质量评估标准，将各类幼儿园纳入质量评估范畴，定期向社会公布评估结果。

6. 改进中小学校评价。义务教育学校重点评价促进学生全面发展、保障学生平等权益、引领教师专业发展、提升教育教学水平、营造和谐育人环境、建设现代学校制度以及学业负担、社会满意度等情况。国家制定义务教育学校办学质量评价标准，完善义务教育质量监测制度，加强监测结果运用，促进义务教育优质均衡发展。普通高中主要评价学生全面发展的培养情况。国家制定普通高中办学质量评价标准，突出实施学生综合素质评价、开展学生发展指导、优化教学资源配置、有序推进选课走班、规范招生办学行为等内容。

7. 健全职业学校评价。重点评价职业学校（含技工院校，下同）德技并修、产教融合、校企合作、育训结合、学生获取职业资格或职业技能等级证书、毕业生就业质量、“双师型”教师（含技工院校“一体化”教师，下同）队伍建设等情况，扩大行业企业参与评价，引导培养高素质劳动者和技术技能人才。深化职普融通，探索具有中国特色的高层次学徒制，完善与职业教育发展相适应的学位授予标准和评价机制。加大职业培训、服务区域和行业的评价权重，将承担职业培训情况作为核定职业学校教师绩效工资总量的重要依据，推动健全终身职业技能培训制度。

8. 改进高等学校评价。推进高校分类评价，引导不同类型高校科学定位，办出特色和水平。改进本科教育教学评估，突出思想政治教育、教授为本科生上课、生师比、生均课程门数、优势特色专业、学位论文（毕业设计）指导、学生管理与服务、学生参加社会实践、毕业生发展、用人单位满意度等。改进学科评估，强化人才培养中心地位，淡化论文收录数、引用率、奖项数等数量指标，突出学科特色、质量和贡献，纠正片面以学术头衔评价学术水平的做法，教师成果严格按署名单位认定、不随人走。探索建立应用型本科评价标准，突出培养相应专业能力和实践应用能力。制定“双一流”建设成效评价办法，突出培养一流人才、产出一流成果、主动服务国家需求，引导高校争创世界一流。改进师范院校评价，把办好师范教育作为第一职责，将培养合格教师作为主要考核指标。改进高校经费使用绩效评价，引导高校加大对教育教学、基础研究的支持力度。改进高校国际交流合作评价，促进提升校际交流、来华留学、合作办学、海外人才引进等工作质量。探索开展高校服务全民终身学习情况评价，促进学习型社会建设。

（三）改革教师评价，推进践行教书育人使命

9. 坚持把师德师风作为第一标准。坚决克服重科研轻教学、重教书轻育人等现象，把师德表现作为教师资格定期注册、业绩考核、职称评聘、评优奖励首要要求，强化教师思想政治素质考察，推动师德师风建设常态化、长效化。健全教师荣誉制度，发挥典型示范引领作用。全面落实新时代幼儿园、中小学、高校教师职业行为准则，建立师德失范行为通报警示制度。对出现严重师德师风问题的教师，探索实施教育全行业禁入制度。

10. 突出教育教学实绩。把认真履行教育教学职责作为评价教师的基本要求，引导教师上好每一节课、关爱每一个学生。幼儿园教师评价突出保教实践，把以游戏为基本活动促进儿童主动学习和全面发展的能力作为关键指标，纳入学前教育专业人才培养标准、幼儿教师职后培训重要内容。探索建立中小学教师教学述评制度，任课教师每学期须对每个学生进行学业述评，述评情况纳入教师考核内容。完善中小学教师绩效考核办法，绩效工资分配向班主任倾斜，向教学一线和教育教学效果突出的教师倾斜。健全“双师型”教师认定、聘用、考核等评价标准，突出实践技能水平和专业教学能力。规范高校教师聘用和职称评聘条件设置，不得将国（境）外学习经历作为限制性条件。把参与教研活动，编写教材、案例，指导学生毕业设计、就业、创新创业、社会实践、社团活动、竞赛展演等计入工作量。落实教授上课制度，高校应明确教授承担本（专）科生教学最低课时要求，确保教学质

量，对未达到要求的给予年度或聘期考核不合格处理。支持建设高质量教学研究类学术期刊，鼓励高校学报向教学研究倾斜。完善教材质量监控和评价机制，实施教材建设国家奖励制度，每四年评选一次，对作出突出贡献的教师按规定进行表彰奖励。完善国家教学成果奖评选制度，优化获奖种类和入选名额分配。

11. 强化一线学生工作。各级各类学校要明确领导干部和教师参与学生工作的具体要求。落实中小学教师家访制度，将家校联系情况纳入教师考核。高校领导班子成员年度述职要把上思政课、联系学生情况作为重要内容。完善学校党政管理干部选拔任用机制，原则上应有思政课教师、辅导员或班主任等学生工作经历。高校青年教师晋升高一级职称，须有至少一年担任辅导员、班主任等学生工作经历。

12. 改进高校教师科研评价。突出质量导向，重点评价学术贡献、社会贡献以及支撑人才培养情况，不得将论文数、项目数、课题经费等科研量化指标与绩效工资分配、奖励挂钩。根据不同学科、不同岗位特点，坚持分类评价，推行代表性成果评价，探索长周期评价，完善同行专家评议机制，注重个人评价与团队评价相结合。探索国防科技等特殊领域教师科研专门评价办法。对取得重大理论创新成果、前沿技术突破、解决重大工程技术难题、在经济社会事业发展中作出重大贡献的，申报高级职称时论文可不作限制性要求。

13. 推进人才称号回归学术性、荣誉性。切实精简人才“帽子”，优化整合涉教育领域各类人才计划。不得把人才称号作为承担科研项目、职称评聘、评优评奖、学位点申报的限制性条件，有关申报书不得设置填写人才称号栏目。依据实际贡献合理确定人才薪酬，不得将人才称号与物质利益简单挂钩。鼓励中西部、东北地区高校“长江学者”等人才称号入选者与学校签订长期服务合同，为实施国家和区域发展战略贡献力量。

（四）改革学生评价，促进德智体美劳全面发展

14. 树立科学成才观念。坚持以德为先、能力为重、全面发展，坚持面向人人、因材施教、知行合一，坚决改变用分数给学生贴标签的做法，创新德智体美劳过程性评价办法，完善综合素质评价体系，切实引导学生坚定理

想信念、厚植爱国主义情怀、加强品德修养、增长知识见识、培养奋斗精神、增强综合素质。

15. 完善德育评价。根据学生不同阶段身心特点，科学设计各级各类教育德育目标要求，引导学生养成良好思想道德、心理素质和行为习惯，传承红色基因，增强“四个自信”，立志听党话、跟党走，立志扎根人民、奉献国家。通过信息化等手段，探索学生、家长、教师以及社区等参与评价的有效方式，客观记录学生品行日常表现和突出表现，特别是践行社会主义核心价值观情况，将其作为学生综合素质评价的重要内容。

16. 强化体育评价。建立日常参与、体质监测和专项运动技能测试相结合的考查机制，将达到国家学生体质健康标准要求作为教育教学考核的重要内容，引导学生养成良好锻炼习惯和健康生活方式，锤炼坚强意志，培养合作精神。中小学校要客观记录学生日常体育参与情况和体质健康监测结果，定期向家长反馈。改进中考体育测试内容、方式和计分办法，形成激励学生加强体育锻炼的有效机制。加强大学生体育评价，探索在高等教育所有阶段开设体育课程。

17. 改进美育评价。把中小学生学习音乐、美术、书法等艺术类课程以及参与学校组织的艺术实践活动情况纳入学业要求，促进学生形成艺术爱好、增强艺术素养，全面提升学生感受美、表现美、鉴赏美、创造美的能力。探索将艺术类科目纳入中考改革试点。推动高校将公共艺术课程与艺术实践纳入人才培养方案，实行学分制管理，学生修满规定学分方能毕业。

18. 加强劳动教育评价。实施大中小学劳动教育指导纲要，明确不同学段、不同年级劳动教育的目标要求，引导学生崇尚劳动、尊重劳动。探索建立劳动清单制度，明确学生参加劳动的具体内容和要求，让学生在实践中养成劳动习惯，学会劳动、学会勤俭。加强过程性评价，将参与劳动教育课程学习和实践情况纳入学生综合素质档案。

19. 严格学业标准。完善各级各类学校学生学业要求，严把出口关。对初、高中毕业班学生，学校须合理安排中高考结束后至暑假前的教育活动。完善过程性考核与结果性考核有机结合的学业考评制度，加强课堂参与和课堂纪律考查，引导学生树立良好学风。探索学士学位论文（毕业设计）抽检试点工作，完善博士、硕士学位论文抽检工作，严肃处理各类学术不端行为。完善实习（实训）考核办法，确保学生足额、真实参加实习（实训）。

20. 深化考试招生制度改革。稳步推进中高考改革，构建引导学生德智体美劳全面发展的考试内容体系，改变相对固化的试题形式，增强试题开放性，减少死记硬背和“机械刷题”现象。加快完善初、高中学生综合素质档案建设和使用办法，逐步转变简单以考试成绩为唯一标准的招生模式。完善高等职业教育“文化素质＋职业技能”考试招生办法。深化研究生考试招生改革，加强科研创新能力和实践能力考查。各级各类学校不得通过设置奖金等方式违规争抢生源。探索建立学分银行制度，推动多种形式学习成果的认定、积累和转换，实现不同类型教育、学历与非学历教育、校内与校外教育之间互通衔接，畅通终身学习和人才成长渠道。

（五）改革用人评价，共同营造教育发展良好环境

21. 树立正确用人导向。党政机关、事业单位、国有企业要带头扭转“唯名校”“唯学历”的用人导向，建立以品德和能力为导向、以岗位需求为目标的人才使用机制，改变人才“高消费”状况，形成不拘一格降人才的良好局面。

22. 促进人岗相适。各级公务员招录、事业单位和国有企业招聘要按照岗位需求合理制定招考条件、确定学历层次，在招聘公告和实际操作中不得将毕业院校、国（境）外学习经历、学习方式作为限制性条件。职业学校毕业生在落户、就业、参加机关企事业单位招聘、职称评聘、职务职级晋升等方面，与普通学校毕业生同等对待。用人单位要科学合理确定岗位职责，坚持以岗定薪、按劳取酬、优劳优酬，建立重实绩、重贡献的激励机制。

三、组织实施

（一）落实改革责任。各级党委和政府要加强组织领导，把深化教育评价改革列入重要议事日程，根据本方案要求，结合实际明确落实举措。各级党委教育工作领导小组要加强统筹协调、宣传引导和督促落实。中央和国家机关有关部门要结合职责，及时制定配套制度。各级各类学校要狠抓落实，切实破除“五唯”顽瘴痼疾。国家和各省（自治区、直辖市）选择有条件的地方、学校和单位进行试点，发挥示范带动作用。教育督导要将推进教育评

价改革情况作为重要内容，对违反相关规定的予以督促纠正，依规依法对相关责任人员严肃处理。

（二）加强专业化建设。构建政府、学校、社会等多元参与的评价体系，建立健全教育督导部门统一负责的教育评估监测机制，发挥专业机构和社会组织作用。严格控制教育评价活动数量和频次，减少多头评价、重复评价，切实减轻基层和学校负担。各地要创新基础教育教研工作指导方式，严格控制以考试方式抽检评测学校和学生。创新评价工具，利用人工智能、大数据等现代信息技术，探索开展学生各年级学习情况全过程纵向评价、德智体美劳全要素横向评价。完善评价结果运用，综合发挥导向、鉴定、诊断、调控和改进作用。加强教师教育评价能力建设，支持有条件的高校设立教育评价、教育测量等相关学科专业，培养教育评价专门人才。加强国家教育考试工作队伍建设，完善教师参与命题和考务工作的激励机制。积极开展教育评价国际合作，参与联合国 2030 年可持续发展议程教育目标实施监测评估，彰显中国理念，贡献中国方案。

（三）营造良好氛围。党政机关、事业单位、国有企业要履职尽责，带动全社会形成科学的选人用人理念。新闻媒体要加大对科学教育理念和改革政策的宣传解读力度，合理引导预期，增进社会共识。构建覆盖城乡的家庭教育指导服务体系，引导广大家长树立正确的教育观和成才观。各地要及时总结、宣传、推广教育评价改革的成功经验和典型案例，扩大辐射面，提高影响力。

3.2 关于深化高等学校教师职称制度改革的指导意见（人社部发〔2020〕100 号）

高等学校教师（以下简称高校教师）是我国专业技术人才队伍的重要组成部分，是新时代推动国家教育事业发展和高层次人才培养的重要力量。为深入贯彻落实中共中央、国务院印发的《关于全面深化新时代教师队伍建设改革的意见》和《深化新时代教育评价改革总体方案》，按照中共中央办公厅、国务院办公厅《关于深化职称制度改革的意见》要求，进一步完善教师评价机制，激励广大高校教师教书育人，落实立德树人根本任务，推进高等教育内涵式发展，加快教育现代化，现就深化高校教师职称制度改革提出如下指导意见。

一、总体要求

（一）指导思想。以习近平新时代中国特色社会主义思想为指导，全面贯彻落实党的十九大和十九届二中、三中、四中、五中全会以及全国教育大会精神，遵循高校教师职业特点和发展规律，破除束缚高校教师发展的思想观念和体制机制障碍，分类分层，科学评价，充分调动广大高校教师的积极性和创造性，激发高校教师活力、动力，建设一支高素质、专业化、创新型教师队伍，为高等教育事业发展提供制度保障和人才支持。

（二）基本原则

1. 坚持以德为先，教书育人。以师德为先，以教学为要，以育人为本，提升师德师风要求，引导广大教师以德立身、以德立学、以德施教，突出教书育人实绩，培养德智体美劳全面发展的社会主义建设者和接班人。

2. 坚持以人为本，创新机制。把握高校教师成长的规律和工作特点，完善评价标准，创新评价机制，科学客观公正评价，让教师更具有获得感和成就感，激励教师人人尽展其才。

3. 坚持问题导向，精准施策。围绕高校教师职称评审重点难点及突出问题，有针对性地提出改革举措，增强高校教师职称制度改革的实效性。

4. 坚持分类实施，自主评价。根据不同类型、不同层次高校及教师特点，采用业绩水平与发展潜力、定性与定量评价相结合的方式，高校自主实施分类分层评价，政府依法宏观管理。

二、主要内容

深入贯彻高等教育领域“放管服”改革精神，加快转变政府职能，落实高校职称评审自主权，围绕健全制度体系、完善评价标准、创新评价机制，形成以人才培养为核心，以品德、能力和业绩为导向，评价科学、规范有序、竞争择优的高校教师职称制度。

（一）健全制度体系

1. 创新岗位类型。保持高校教师现有岗位类型总体不变，一般设有教学为主型、教学科研型等岗位类型。适应新时代教师队伍发展的需要，高校可根据自身发展实际，设置新的岗位类型。

2. 健全层级设置。高校教师职称一般设置初级、中级、高级，其中高级分设副高级和正高级。初级、中级、副高级、正高级职称名称一般依次是助教、讲师、副教授、教授。有条件的高校可探索实行教师职务聘任改革，设置助理教授等职务。

（二）完善评价标准

1. 严把思想政治和师德师风考核。贯彻习近平新时代中国特色社会主义思想，坚持社会主义办学方向，以理想信念教育为核心，以社会主义核心价值观为引领，把好思想政治关，将师德表现作为教师职称评审的首要条件。完善思想政治与师德师风考核办法，健全评价标准、体系及考核方案，提高考核评价的科学性和实效性。

2. 突出教育教学能力和业绩。高校应把认真履行教育教学职责作为评价教师的基本要求。加强教学质量评价，把课堂教学质量作为主要标准，严格教学工作量，强化教学考核要求，提高教学业绩和教学研究在评审中的比重。突出教书育人实绩，注重对履责绩效、创新成果、人才培养实际贡献的评价。

3. 克服唯论文、唯“帽子”、唯学历、唯奖项、唯项目等倾向。规范学术论文指标的使用，论文发表数量和引用情况、期刊影响因子等仅作为评价参考，不以 SCI（科学引文索引）、SSCI（社会科学引文索引）等论文相关指标作为前置条件和判断的直接依据。核心是评价研究本身的创新水平和科学价值。高校结合实际建立各学科高水平期刊目录和高水平学术会议目录。对国内和国外的期刊、高水平学术会议发表论文、报告要同等对待，鼓励更多成果在具有重要影响力的国内期刊和高水平学术会议发表。不得简单规定获得科研项目的数量和经费规模等条件。不得将出国（出境）学习经历作为限制性条件。不得将人才称号作为职称评定的限制性条件，职称申报材料不得设置填写人才称号栏目，取消入选人才计划与职称评定直接挂钩的做法。

4. 推行代表性成果评价。结合学科特点，探索项目报告、技术报告、学术会议报告、教学成果、著作、论文、标准规范、创作作品等多种成果形式，将高水平成果作为代表性成果。注重代表性成果的质量、贡献、影响，突出评价成果质量、原创价值和对社会发展的实际贡献以及支撑人才培养情况。注重质量评价，防止简单量化、重数量轻质量，建立并实施有利于教师潜心教学、研究和创新的评价制度。

（三）创新评价机制

1. 分类分层评价。结合学校特点和办学类型，针对不同类型、不同层次教师，按照教学为主型、教学科研型等岗位类型，哲学社会科学、自然科学、工程科技等不同学科领域，基础研究、应用研究等不同研究类型，通用专业、特殊专业等不同专业门类，建立科学合理的分类分层评价标准。职业院校要强化技术技能要求，加强“双师型”教师队伍建设。

2. 创新评价方式。鼓励采取个人述职、面试答辩、同行评议、实践操作、业绩展示等多种灵活评价方式，完善同行专家评议机制，健全完善外部专家评审制度，探索引入第三方机构进行独立评价。给内、外部评审专家预留充足时间进行评鉴，引导评审专家负责任地提供客观公正的专业评议意见，提高职称评价的科学性、专业性、针对性。注重个人评价与团队评价相结合，考察团队合作及社会效益，尊重和认可团队所有参与者的实际贡献。探索国防科技、公共安全等特殊领域人才评价办法。

3. 建立重点人才绿色通道。引导教师主动服务国家重大战略需求，注重工作实绩，其工作成果不简单以发表论文、获得奖项等进行比较评价。对取得重大基础研究和前沿技术突破、解决重大工程技术难题、在经济社会事业发展中作出重大贡献的教师以及招聘引进的高层次人才和急需紧缺人才等，在严把质量和程序的前提下，可制定较为灵活的评价标准，申报高级职称时论文可不作限制性要求，畅通人才发展通道。

4. 完善信用和惩戒机制。建立申报教师、评审专家及相关人员诚信承诺和诚信信息共享机制。申报教师职称评审中存在弄虚作假、学术不端的，按国家和学校相关规定处理。因弄虚作假、学术不端等通过评审聘任的教师，撤销其评审聘任结果。引导建立学术共同体自律文化，建立完善评审专家的诚信记录、利益冲突回避、履职尽责评价、动态调整、责任追究等制度，严格规范专家评审行为。对违反评审纪律的评审专家、党政领导和其他责任人员，按照有关规定处理。

5. 健全聘期考核机制。科学合理设置考核评价周期，聘期考核与年度考核、日常考核相互结合，并适当延长基础研究人才、青年人才等考核周期，把考核结果作为调整岗位、工资以及续订聘用合同的依据，完善退出机制，实现人员能上能下、能进能出。

（四）落实自主评审

1. 下放职称评审权。高校教师职称评审权直接下放至高校，自主组织评审、按岗聘用，主体责任由高校承担。高校要加强对院系的指导和监管，院系要将符合条件的教师向上一级评审组织推荐。条件不具备、尚不能独立组织评审的高等学校，可采取联合评审、委托评审的方式。高校自主制定教师职称评审办法、操作方案等评审文件，按相关规定进行备案。职称评审办法应包括教师评价标准、评审程序、评审委员会人员构成规则、议事规则、回避制度等内容。高校制定的教师评价标准不低于国家规定的基本标准，可结合实际明确破格条件。高校聘用研究人员等到教师岗位的，可结合实际制定职称评价具体办法。职业院校、应用型本科高校对特殊高技能人才可适当放宽学历要求。对长期在艰苦边远地区工作的高校教师，省级人力资源社会保障部门、教育行政部门可根据实际情况适当放宽学历和任职年限要求。

2. 加强监管服务。按照高校教师职称评审监管办法，加强对高校教师职称评审工作的监管，开展业务指导，搭建平台，优化服务，为高校教师职称评审提供支持。定期按一定比例开展抽查，根据抽查情况、群众反映或舆情反映较强烈的问题，有针对性地进行专项巡查，并将抽查、巡查情况通报公开。对因评审工作把关不严、程序不规范，造成投诉较多、争议较大的高校，责令限期整改。对整改无明显改善或逾期不予整改的高校，暂停其自主评审工作直至收回评审权，并进行责任追究。加强职称评审信息化建设，探索推广在线申报和评审，简化申报信息和材料报送等相关手续。

（五）优化思想政治工作评审

1. 规范思想政治理论课教师评审体系。思想政治理论课教师职称评审纳入单列计划、单设标准、单独评审体系，高级岗位比例不低于学校平均水平。建立符合思想政治理论课教师职业特点和岗位要求的评价标准，注重考察教学工作业绩和育人实效，将在中央和地方主要媒体上发表的理论文章等纳入思想政治理论课教师职称成果评价范围。

2. 强化教师思想政治工作要求。将学生思想政治教育工作作为教师的基本职责，把教师课程思政建设情况和育人效果作为评价的重要内容。晋升高一级职称的青年教师，须有至少一年担任辅导员、班主任等学生工作经历，或支教、扶贫、参加孔子学院及国际组织援外交流等工作经历，并考核合格。

（六）实行评聘结合

1. 高校根据国家有关规定自主设置岗位，结合岗位空缺情况开展教师职称评审，并将通过评审的教师聘用到相应岗位，实现教师职称评审与岗位聘用有效衔接。

2. 对此次改革前本高校评审通过、已经取得高校教师职称但未被聘用到相应岗位的人员，有关地方和高校要结合实际研究具体办法，妥善做好这部分人员择优聘用等相关工作。

三、组织实施

（一）加强领导，优化服务

深化高校教师职称制度改革，是进一步加强高校教师队伍建设，推进高校治理体系和治理能力现代化，推动高等教育科学发展的重要举措。各地区、各部门、各高校要高度重视，充分认识改革的重要意义，坚持党管人才原则，充分发挥党的思想优势、政治优势和组织优势，加强党的领导，周密部署，统筹协调。各有关部门要各司其职，协同配合，优化服务，为深化高校教师职称制度改革创造良好条件。

（二）严格程序，确保公正

各高校要按照职称制度改革要求，认真做好职称工作，确保标准公开、程序公平、结果公正。要建立健全职称工作机制，明确岗位任职条件，规范竞聘程序，严格公示制度，健全申诉机制，畅通意见渠道，强化自我监督，主动接受外部监督。

（三）科学谋划，稳妥推进

各地区、各高校要正确处理好改革、发展和稳定的关系，把推进高校教师职称制度改革与全面履行职责、加强教师队伍建设和促进高等教育事业发展有机结合起来，确保改革平稳有序进行。

第二部分

从理论　看现状

1 岗位分析与评价

1.1 岗位分析的界定

岗位分析又称工作分析，是一种应用系统方法，收集、分析、确定组织中岗位的定位、目标、工作内容、职责权限、工作关系、业绩标准、人员要求等基本因素的过程。岗位分析的主要成果是形成岗位说明书及岗位分析报告，前者既是职工工作的指南，也是确定人力资源规划、职工能力模型、考核薪酬、培训开发等人力资源职能管理的参考依据。后者则是通过岗位分析发现组织管理过程中存在的问题，为对组织有效性的诊断提供依据。

岗位分析以组织中的岗位以及任职者为研究对象，它所收集、分析、形成的信息及数据是有效联系人力资源管理各职能模块的纽带，从而为整个人力资源管理体系的建设提供理性基础。同时，组织由各种各样的职工角色构成，通过岗位分析详细说明了解，并从整体上协调这些角色的关系，避免工作重叠、劳动重复，提高个人和部门的工作效率及和谐性，奠定组织设计和工作设计的基础。

1.2 岗位分析的战略意义与目的

从事开放教育的开放大学院校已步入高质量发展时期，业务、结构、资源和人之间相互匹配的重要性逐渐凸显，开展岗位分析和评价，完善管理流程和规章制度，优化人力资源管理体系势在必行。岗位效能分析和评价是组织框架管理的重要方法和技术，在人事管理中占据重要位置。开展岗位分析和评价工作，一方面有助于优化人事管理制度和体系的建设，另一方面也有助于从人事管理角度去寻找和发现学校管理中存在的问题，进而提出并实施最佳改善措施或解决方案，进一步优化制度机制建设，完善管理和业务流程，促进管理能力提升。

岗位分析和评价是围绕岗位和工作展开的，强调岗位与业务流程的衔接，强调岗位、工作与人的最佳结合，将理事和管人有机融合在一起。开展此工作的阶段性目标是完善各项人事管理制度，理顺各项管理制度之间的内在联系；最终目标是优化以教职工任职资格和素质标准为基础的人事管理体系。

开放教育院校高质量发展过程中，外部环境不断变化，所从事的学历与非学历的业务模式都在不断优化，人事管理制度相应地需要随之动态完善，从而应对外部竞争和挑战，解决内部矛盾和冲突。有效的岗位分析和评价有助于优化组织框架设计，明晰职责边界，完善人事管理制度和流程，有效发挥战略导向作用，将学校战略目标通过部门和岗位设计，逐步分解到各部门的具体岗位中，实现更好的执行管理。

岗位分析和评价是人事管理工作的起点和基础，是人事管理的重要内容，能够促进管理的科学化和系统化，有利于优化以工作能力和业绩为导向的绩效管理机制和薪酬分配机制，完善人事管理体系。深入系统的岗位效能分析和评价工作的开展，有助于职工理解岗位与绩效的联系，引导其工作行为和态度的转变，自觉开展职业生涯发展规划。

1.3 构建目标导向的岗位分析系统模型

1.3.1 岗位分析遵循的原则

（1）以战略为导向，强调岗位与组织和流程的有机衔接。岗位分析必须以战略为导向、与组织的变革相适应、与提升流程的速度与效率相配合，以此来推动岗位描述与任职资格要求的合理化与适应性。

（2）以现状为基础，强调岗位对未来的适应。岗位分析必须以岗位的现实状况为基础，强调岗位分析的客观性与信息的真实性，另外，也要充分考虑组织的外部环境、战略转型、技术变革、组织与流程再造、工作方式转变等一系列变化对岗位的影响和要求，强调岗位分析的适应性。

（3）以工作为基础，强调人与工作的有机融合。岗位分析必须以工作为基础，以此来推动岗位设计的科学化，强化任职者的职业意识与职业规范；同时，岗位分析又必须充分照顾到任职者的个人能力与工作风格，在强调工作内在客观要求的基础之上，适当地体现岗位对人的适应，处理好岗位与人的矛盾，实现人与岗位的动态协调与有机融合。

（4）以分析为基础，强调对岗位的系统把握。岗位分析绝不是对职责、任务、业绩标准、任职资格等要素的简单罗列，而是要在分析的基础上对其加以系统的把握。所谓系统把握，包括系统把握该岗位对组织的贡献，把握其与其他岗位之间的内在关系，把握其在流程中的位置与角色，以及把握其内在各要素的互动与制约关系，从而完成对该岗位全方位的、富有逻辑的系统思考。

（5）以稳定为前提，但重视对岗位说明书的动态管理。为了保持组织与管理的连续性，企业内部的岗位设置以及与此相对应的岗位说明书必须保持相对稳定。同时，岗位说明书并非一成不变，而是需要根据企业的战略、组织、业务与管理的变化适时进行调整，因此需要在稳定的基础上，建立对岗位说明书进行动态管理的机制和制度。

1.3.2 岗位分析的系统模型

岗位分析是对岗位信息进行收集、整理、分析与综合的系统性的过程。笔者在对这一系统性过程的各种参与要素、中间变量与最终成果，以及它们之间的内在关系进行剖析的基础之上，提出了较为全面的岗位分析的系统性模型（见图 1）。

1.3.3 岗位分析的成果形式

岗位分析是对岗位信息的收集、整理、分析与综合，其成果主要包括两种：一种是岗位说明书，另一种是岗位分析报告。

（1）岗位说明书主要包括两个部分：一是岗位描述，主要对岗位的工作内容进行概括，包括岗位设置的目的、基本职责、组织图（岗位在组织中的

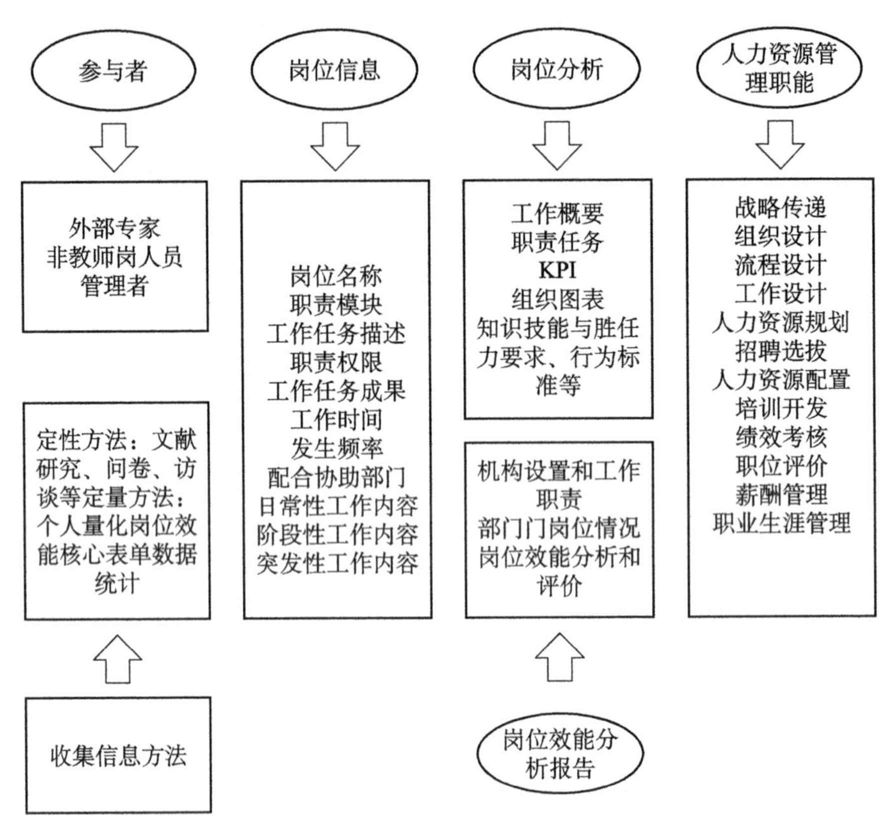

图 1　岗位分析的系统模型

位置）、业绩标准、工作权限、职责履行程序等内容；二是岗位的任职资格要求，主要对任职人员的标准和规范进行概括，包括岗位的行为标准，胜任岗位所需要的知识、技能、能力、个性特征以及对人员的培训需求等内容。岗位说明书的这两个部分并非简单的罗列，而是通过客观的内在逻辑形成一个完整的系统。

（2）岗位分析报告的内容较为宽泛，主要用来阐述在岗位分析的过程中所发现的组织与管理上的问题、矛盾及解决方案。具体包括：组织结构与岗位设置中的问题与解决方案、流程设计与流程运行中的问题与解决方案、组织权责体系中的问题与解决方案、工作方式和方法中的问题与解决方案、人力资源管理中的问题与解决方案等。

1.3.4 岗位分析方法

岗位分析是组织人力资源管理的一项基础工具。岗位信息收集方法是岗位分析过程中常见的收集岗位信息的方法，通常具有灵活性强、易操作、适用范围广等显著优势。这类岗位分析方法主要有工作日志法、文献分析法、观察法、访谈法、问卷调查法等。

（1）工作日志法。

工作日志法是通过任职者在规定时限内，实时、准确记录工作活动与任务的工作信息收集方法。工作日志又称为活动日志、工作活动记录表等，工作日志法的主要用途是作为原始工作信息搜集方法，为其他岗位分析方法提供信息支持，特别是在缺乏工作文献时，日志法的优势就表现得更加明显。

开放教育院校运用此方法进行岗位分析时，适用对象主要是从事教学工作以外的专技岗、管理岗或工勤岗人员。相关人员可以填写量化岗位效能核心表单，记录、统计各项岗位全年的日常性工作、阶段性工作和突发性工作内容及相应工作工时情况。该方法能够总结出全年岗位信息，与其他方法相比更有效，获取的信息相对比较全面。

（2）文献分析法。

文献分析法是一项经济且有效的信息搜集方法。它是通过对现存的与工作相关的文档资料进行系统性分析，来获取工作信息，由于它是对现有资料的分析提炼、总结加工，通过文献分析法无法弥补原有资料的空缺，也无法验证原有描述的真伪，因此文献分析法一般用于收集工作的原始信息，编制任务清单初稿。

在开放教育院校的管理实践中，或多或少已经积累起对于岗位描述的大量信息资料，但由于管理基础不足和方法的落后，往往不适合学校发展的需要。在构建以岗位分析、任职资格为基础的人力资源管理体系的管理变革尝试中，这些宝贵的原始资料会为基础研究工作带来极大的便利，因此要注重对现存有关管理信息的分析提炼，为后续工作的深入打下良好的信息基础。学校已有的各类文件、工作安排和计划、工作报告等相关资料，为识别出各部门、各岗位的工作任务及职责要求等提供了重要依据。部门职责、周月年工作计划和工作总结等之间是存在相互衔接、一一对应的关系的，为岗位分析和评价提供了更多支撑材料，根据岗位职责、流程等相关资料对岗位进行分析和研究，进而推测出各岗位工作任务、工作职责、工作要求等信息。该方法能够为岗位分析和评价提供较多原始资料。

（3）观察法。

观察法是由岗位分析人员在工作现场通过实地观察、交流、操作等方式收集工作信息的过程。主要有直接观察法、自我观察法（工作日志）以及工作参与法三种形式。观察法的侧重点在于分析提炼履行岗位所包含的工作活动所需的外在行为表现以及体力要求、环境条件等，因此观察法主要适用于相对稳定的重复性的操作岗位，而不适用于职能和业务管理岗位。

开放教育院校可以运用这种方法观察各岗位人员的实际工作情况。根据日常业务接触情况，分析和校验各部门核定的岗位工作量的真实性和准确性。学校可以选取一些关键岗位，对于在岗员工的实际工作情况进行不定期的观察记录，了解员工工作内容、工作方法等。这种方法的优点在于信息获取的真实性和准确性较高，能了解到实际工作的具体情况和细节。为了保证观察结果的真实性和准确性，提高获取信息的效率，一般是隐蔽式的观察，这也是为了避免被观察者出现紧张或者反感的情绪，进而影响到观察结果的有效性和真实性。

（4）访谈法。

访谈法是目前运用最广泛、最成熟、最有效的岗位分析方法。岗位分析访谈是两个或更多的人交流某项或某系列工作信息的会谈，适用于各层各类岗位的岗位分析要求，且是对中层管理岗位进行深度岗位分析效果最好的方法。岗位分析访谈的成果不仅仅表现在书面的信息提供上，更重要的是，通过岗位分析的牵引指导，协助任职者完成对岗位的系统思考、总结与提炼。

开放教育院校在岗位分析工作前期，主要是运用此方法初步对一些具有专业性、复杂性特点的部门和岗位的相关情况进行了解。按照事先准备的访谈提纲，对相应岗位人员、与岗位工作联系紧密的其他岗位人员或了解岗位工作特征的外部专家进行访谈，以获取岗位工作目标、工作性质、工作内容以及工作责权等相关信息。在工作分析后期，将根据学校岗位分析与评价工作进展情况，进一步扩大访谈对象，深入细致分析各部门、各岗位的职责和效能等方面情况，促进学校战略要求和核心理念落实。访谈分析法是最常用也是相对成熟的岗位分析和评价方法，成本最低，效果最好，适用于各类岗位，特别是对中层管理岗位和具有创新工作性质的岗位。

(5) 问卷调查法。

问卷调查法是岗位分析中广泛运用的方法之一，它是以书面形式、通过任职者或其他岗位相关人员单方信息传递来实现的岗位信息收集方式。在实践中，岗位分析专家开发出大量不同形式、不同导向的问卷，以满足岗位分析不同的需要。问卷调查法收集信息完整、系统，操作简单、经济，可在事先建立的分析模型的指导下展开，因此几乎所有的结构化岗位分析方法在信息收集阶段均采用问卷调查的形式。

岗位分析问卷主要分为定量结构化问卷和非结构化问卷。定量结构化问卷是在相应理论模型和假设前提下，按照结构化的要求设计的相对稳定的岗位分析问卷，一般采用封闭式问题，问卷遵循严格的逻辑体系，分析结果可通过对信息的统计分析加以量化，形成对岗位的量化描述或评价。定量结构化问卷最大的优势在于问卷一般经过大量的实证检验，具有较高的信度与效度，便于岗位之间相互比较。

非结构化问卷是目前使用较多的岗位分析问卷形式，其特点在于能对岗位信息进行全面、完整的调查收集，适用范围广泛，能根据不同的组织性质、特征进行个性化设计。

开放教育院校运用此方法进行岗位分析工作，可以面向全校教职工及相关人员开展工作满意度、组织承诺、自我效能感等方面调研，根据调查目标设计相应的问卷，并发放给调查对象，通过回收问卷，统计分析问卷，获取相应的面板数据，进而全面分析教职工思想和工作动态，为提高工作绩效和组织承诺，促进教职工发展，营造良好的学校文化提供有力支撑。

1.3.5 岗位描述与任职资格

岗位分析，通过对信息的收集、分析与综合，最终要形成岗位分析的成果——岗位说明书。在岗位说明书中，主要包括两块核心内容，一是岗位描述，二是任职资格。

（1）岗位描述。

岗位描述，是对岗位本身的内涵和外延加以规范的描述性文件。其主要内容包括工作的目的、职责、任务、权限、业绩标准、岗位关系、工作的环境条件、工作的负荷等。

岗位描述包括核心内容和选择性内容，前者是任何一份岗位描述都必须包含的部分，这些内容的缺失，会导致我们无法对本岗位与其他岗位加以区分；后者并非是任何一份岗位描述所必需的，而可由岗位分析专家根据预先确定的岗位分析的具体目标或者岗位类别来选择性呈现。

① 工作标识。

工作标识，是关于岗位的基本信息，是一岗位区别于其他岗位的基本标志。通过工作标识，可以向岗位描述的阅读者传递关于该岗位的基本信息，使其能够获得对该岗位的基本认识。

② 工作概要。

工作概要，又称为工作目的，是指用非常简洁和明确的一句话来表述该岗位存在的价值和理由。根据前面对岗位的理解，我们可以知道，任何岗位的存在价值都在于它能够帮助组织实现其战略目标，因此，对该岗位工作目的的获取一般都通过战略分解的方式而得到。

③ 工作范围。

工作范围，是指该岗位的任职者所能掌控的资源的数量和质量，以及该岗位的活动范围，它代表了该岗位能够在多大程度上对组织产生影响，在多大程度上能够给组织带来损失。该部分信息并非所有岗位描述中的必备内容，而往往用于管理岗位、以岗位评价为目标的岗位描述。

④ 工作职责。

工作职责，主要指该岗位通过一系列什么样的活动来实现组织的目标，并取得什么样的工作成果。它是在前面的工作标识与工作概要的基础上，进一步对岗位的内容加以细化的部分。工作职责的分析与梳理，主要有两种方法，一种是基于战略的职责分解，另一种是基于流程的职责分析。

(2) 任职资格。

任职资格，指的是与工作绩效高度相关的一系列人员特征。具体包括：为了完成工作，并取得良好的工作绩效，任职者所需具备的知识、技能、能力以及个性特征要求。岗位分析中的任职资格，又叫作工作规范，仅包含上述变量的一部分，并且表现出不同的形式。比如，关于“任职者乐于做什么”，其影响因素包括态度、价值观、动机、兴趣、人格等多方面的心理特质（统称为个性），但是，为了提高岗位分析的可操作性，我们往往只选取上述诸多因素中与工作绩效密切相关，并且具有高度稳定性和可测性的因素，作为岗位说明书的一部分。

岗位分析中的任职资格主要包括显性任职资格和隐性任职资格两大类。显性任职资格主要是以三个部分来代替，包括：正式教育程度、工作经验或职业培训、工作技能；隐性任职资格主要是指承担工作所需的内在的能力、素质要求。

1.3.6 岗位评价及其运用

(1) 岗位评价的范畴界定。

岗位评价又称岗位评估，是建立在企业岗位分析基础上的基础性人力资源管理活动，其主要的服务对象是建立企业岗位价值序列和设计企业薪酬体系。

(2) 岗位评价的战略意义及作用。

在以岗位为基础的人力资源管理体系中，岗位评价扮演了较为重要的承上启下的作用，首先，岗位评价展示了组织、战略认可的报酬要素，从而实现了组织战略与报酬体系的有效衔接，对获取核心竞争力提供了明确的操作导向；其次，岗位评价是组织建立内在岗位序列和报酬体系的基础性工具，是薪酬体系“内部一致性”的集中体现；最后，岗位评价的操作过程本身就是组织和员工建立良好、明确心理契约的途径，同时有效传导了组织对员工在工作职责、能力要求等方面的期望。

① 岗位评价对战略和组织管理的贡献。

战略、组织决定企业的整体人力资源管理体系，人力资源管理的各个板块必须服务于总体战略和组织要求。岗位评价从其方案设计和实施过程等方面支持组织的战略实施和组织运行。

② 岗位评价在人力资源管理体系中的作用。

岗位评价是岗位分析所获取信息最为重要的运用途径之一，在以岗位为基础的人力资源管理体系中，岗位评价主要有以下用途：

第一，建立岗位价值序列。岗位价值序列是根据岗位对于组织的相对重要性的排序，区别组织内部行政序列以及技能序列（虽然具有一定的相关性），通过岗位评价将组织内部的岗位分别归于一定的等级之中，作为薪酬设计的基础。

第二，设计薪酬体系。岗位评价所得到的岗位价值序列是薪酬体系设计的基础环节，是确定岗位基本薪酬的主要依据。

第三，解决劳资纠纷。岗位评价为职工薪酬的确定提供了客观依据和法律基础，是解决与薪酬有关的法律纠纷的重要工具。

（3）岗位评价方法。

最常见的岗位评价方法包括以下四种：

① 岗位分级法：是指由经过培训的有经验的测评人员，依据对岗位所承担责任、困难程度等基本情况的了解，通过比较每两个岗位之间的级别关系（重要程度），来确定所有岗位序列的一种方法。

② 岗位分类法：是指通过建立明确的岗位等级标准，将各个岗位划入相应等级的一种方法。其前提是不同等级的岗位对技能和责任要求不同，在这一显著特点的基础上，将岗位划分出一套等级系统。

③ 要素计点法：是指通过对特定岗位特征的分析，选择和定义一组通用性评价指标并详细定义其等级作为衡量一般岗位的标尺，将所评价岗位依据各个指标打分、评级后，汇总得出岗位总分，以这种标准来衡量岗位的相对价值。

④ 因素比较法：是指根据岗位通用的工作特征，定义岗位的评价要素等级，并以此评价关键岗位，由于关键岗位应得报酬是可知的，那么在评价其他岗位时，只要与关键岗位的各个要素进行比较，就可以得出各评价要素应得的货币价值。

岗位评价的基本技术可以从两个维度划分，根据所使用的分析方法可以分为定性方法和定量方法两类。其中，定性方法包括岗位分级法和分类法，主要是针对工作间的比较，而不考虑具体的岗位特征。定量方法包括要素计点法和因素比较法，主要侧重于对岗位特征的分析，详尽阐明岗位评价要素及其等级定义，可以确定每个岗位的评价分值，以此进行比较。

1.3.7 岗位分析与评价的组织实施

开放教育院校开展岗位分析和评价，是在理解学校融合发展学历与非学历业务体系的基础上，对相应岗位工作责任、权限进行合理安排与划分，对教职工胜任岗位工作的基础知识、基本素质和专业技能提出要求，从而做到业务、岗位和人的最佳匹配，达到支撑业务系统高效运转的目的。依据这一思路，学校可以组织开展 7 个方面工作。具体如下：

（1）启动岗位效能分析和评价工作。

这项工作技术性较强，需要投入大量的人力、物力和财力，不但需要付出一定的资金成本，而且时间周期长、复杂程度高、获取理解和支持的难度大，是一项具有挑战性的工作。

在具体实施之前，首先研判该项工作必要性和可行性，及最终结果的影响作用。成立岗位效能分析和评价工作组，明确分工并开始筹备相关工作（主要内容参见表 1）。

表 1　岗位分析和评价小组职责分工

岗位名称	工作职责
组长	1. 负责岗位效能分析和评价工作的工作计划及方案。 2. 组织推进工作实施进度。 3. 审核各阶段收集和汇总资料。 4. 撰写岗位效能分析和评价报告。
组员	1. 负责岗位效能分析具体实施和跟进。 2. 负责岗位效能分析的培训工作。 3. 负责收集原始资料、岗位效能表单等。 4. 负责为相关部门人员解决问题或答疑。 5. 设计问卷、开展访谈调查、统计分析等。

学校可采取“试点部门先行、其他部门再全面推行”的二阶段法工作方

案。开展试点工作一方面便于对前期各项准备工作进行检验，另一方面也有助于相关工作人员进一步熟悉岗位分析和评价工作的流程，积累相关经验。

（2）明确岗位分析和评价目标。

此项工作目标主要包括机制建设和能力建设两个方面内容：

一是人事管理制度和机制建设，包括横向的流程、纵向的层级、纵横结合形成的部门及机构、各部门与各岗位的权责及各岗位工作职责，这是一条明线，直接体现在体系设计上。

二是机制背后的组织能力建设，这是一条暗线，体现为对知识、经验、功能、竞争力等问题的关注，也即人力资源开发和培养方面相关内容。

（3）确定岗位分析和评价所需信息。

岗位分析所涉及信息主要包括学校机构制度相关文件、周月年工作计划和总结、量化岗位效能核心表单等。岗位评价工作涉及绩效考核指标和薪酬福利水平等。具体可以采用“个人填报、人事处审核、个人修订、部门审核”的“两上两下”的审核填报方式来获取有效资料。由于这些信息触及教职工的核心利益，易被理解为进行岗位调整、增加工作量、提高绩效考核指标等，因此，也需注意到部分教职工在调查、访谈过程中不愿意配合，有时还存在个别抵制调查或提供不实信息的情况。

（4）开展相关工作培训和实践。

学校需要对部门相关人员分工，并指导开展收集岗位职责、工作内容等信息。因此，可以面向各部门相关岗位人员，开展岗位信息填报的培训工作。对于各部门负责人，培训重点是在管理中依据岗位说明来分派工作和考核部门所属人员的工作绩效，并根据岗位任职资格要求对员工进行培训安排。部门负责人有责任对其所属人员的岗位说明书进行动态管理，提出或修改岗位名称及工作职责等内容的修订建议；对于一般岗位人员，培训侧重于其所在岗位与直接上级的层级关系，明确他们的职责和工作任务，沟通协调好工作关系，以便与其他相关岗位人员保持良好流程协作。

（5）开展信息收集和统计。

在开启岗位分析和评价之前，运用工作日志法、资料分析法、访谈分析法、观察法和问卷调查法等方法收集并统计相关资料和信息，这些资料将为岗位分析带来更多有价值的信息。基于上述信息的总结归纳，形成相应的分析报告。在资料收集过程中，还将获取很多有益建议，也可作为后续分析和评价的有力支持。

（6）形成岗位分析和评价报告。

这一阶段，主要是对所收集到的信息进行细化归类、分析和总结，这是岗位分析和评价的重中之重。经过这一过程，对具体岗位的具体职能工作有一个更加清晰的认知和了解，对具体岗位所需要的胜任力、工作强度等进行详细的归总，并以书面形式归档成册。

按照委托代理理论，二级部门与学校之间可能存在博弈现象，二级部门呈现的问题可能倾向于部门自身利益。经过梳理和分析，能够发现岗位管理中可能会存在一些不足之处。例如，有些部门综合管理类岗位设置过多，存在岗位工作量不饱满的情况；有些部门岗位设置合理，但职责不够丰富和细化，存在岗位效能不高的情况；有些部门的岗位层级设置过多或职责过于细分，存在岗位效能不高的情况；有些部门同一职责设置多个岗位时，各岗位之间职责界定不清或职责交错，会出现相互推诿的情况；有些部门职责作用发挥重点不清或职责调整变化，使得部分岗位呈现效能较低的情况；有些部门业务处于发展期，岗位效能评价需结合部门绩效综合评价。

为精准化实践运用，还可以根据学校总体安排，采用专家研讨、查阅业务部门工作报告、向业务骨干请教问题等方法核实情况，并不断优化方案。

（7）实施方案与动态调整。

实施阶段的核心工作是有效地把岗位效能分析和评价结果合理、高效地运用到实际工作中。具体包含两方面：一方面是根据岗位效能分析的结果优化组织机构和业务流程，进行科学的岗位评估，做好各部门的定岗定员工作；另一方面是按照岗位需求制定目标明确的培训计划，通过培训相关人员提高岗位管理的效率，增强管理的科学性和规范。个人发展诉求和价值观固然可以约束一部分人员，但还有很多人员需要制度和管理。如果维护基本运营是某些人员的水平，也要尽力引导将这个作用发挥到最大。

方案实施过程中，会遇到一些对岗位分析及其调查工作不认可、不合作的情况，主要是由于一些教职工不了解岗位体系优化的初衷，认为岗位分析会对已熟悉的工作要求带来变化或引起自身利益的损失，因而提供虚假的岗位或相关工作信息。在岗位效能分析和评价实施过程中，需要根据相关信息和经验交叉验证和判别信息的真实性和合理性。

1.4 开放教育院校岗位管理的现实需求

作为高等教育体系中的新型高校，从事开放教育的开放大学应该在服务全民终身教育和学习型社会建设中走在高质量发展的前列。在构建全民终身教育体系的宏伟蓝图的指引之下，开启从传统远程教育向现代开放大学转变的历史新篇章。开放大学开启建设一流开放大学的新征程过程中，将对师资结构、角色划分与配置、岗位职责、岗位胜任力等都提出新的要求。深入开放大学岗位管理研究是推动学校实现转型的必然要求。

在开放教育院校转型和高质量发展过程中，部门岗位管理层面还存在人员管理意愿和能力不足、人员相对数量不够、胜任力不足、部门间协作不力、工作落不了地等问题。例如，已然庞大的教务管理人员队伍呈现出人力资源相对不足、对合作学院的管理有待进一步完善、部门推动和落实工作进度较缓慢、部门内部苦乐不均等。在人员执行力方面存在不足的问题，而有些则可能是二级部门人员管理意愿和能力不足，人员没有得到妥当安排，内部流程没理顺、结构上有掣肘，使得整个系统运转得不顺畅所形成的问题。

岗位管理现状，归纳起来主要可以从两个角度切入分析：一是部门管理是否达成预期目标。在没有达成预期目标的情况下，从人事处角度，首先需要做的是同相关部门分析问题产生的原因，识别出与人事管理密切相关的部分，进而提供解决问题的方案；二是资源配置是否科学合理。资源配置问题始终贯穿于部门管理和人事管理之中，二级部门应在资源合理配置基础上有效实现目标。岗位效能分析和评价正是分析人力资源配置问题的基础，可以对部门管理过程中产生的问题做深度解析。

岗位效能分析和评价一定程度上呈现了这些问题产生的根源。因此，出于主动发现开放教育院校发展过程中部门管理出现的各类问题，并对问题进行分析和评估的考虑，人事管理部门应从学校全局的角度，在关注业务发展的同时，积极寻找人事管理工作与业务的契合点，从最佳实践的角度寻找问题产生的根源，并提出符合业务要求的人事管理解决方案。

2 师资队伍建设规划

2.1 师资队伍建设规划的界定

高校师资队伍建设规划的定义有广义和狭义之分。广义的师资队伍建设规划是指根据学校的发展战略、目标及内外环境的变化，预测未来的学校任务和环境对学校的要求，以及为完成这些任务、满足这些要求而提供师资的过程。广义的师资队伍建设规划强调师资对学校战略目标的支撑作用，从战略层面考虑师资队伍建设规划的内容和作用。它既包括师资队伍的数量、质量与结构的系统规划与安排，也包括实现师资队伍建设战略目标的策略与相应职能的系统安排。而狭义的师资队伍建设规划是指对可能的人员需求、供给情况作出预测，并据此储备或减少相应的师资。可见，狭义的师资队伍建设规划以追求师资的平衡为根本目的，它主要关注的是师资供求之间的数量、质量与结构的匹配。

师资队伍建设规划是一种战略规划，着眼于为学校未来的发展预先准备师资，它所考虑的不是某个具体的教师，而是一类人员，个人的发展规划寓于某一类人员的发展规划之中。因此，师资队伍建设规划的实质是一种人力资源管理的策略，它的制订为高校的人力资源管理活动提供了指导。

2.2 师资队伍建设规划的内容

师资队伍建设规划是运作师资管理系统的前提，是师资管理各子系统重大关系决策的依据，它主要包括三个方面的内容：师资数量规划、师资结构规划、师资素质规划，这三个方面的内容为院校师资队伍建设提供了指导方针和政策。

高校的战略目标和组织行为方式确定以后，师资队伍建设规划才能进行：战略目标、业务模式决定师资的数量与结构；业务行为规范决定师资的素质。图 2 展现了师资的素质、数量、结构规划的框架。

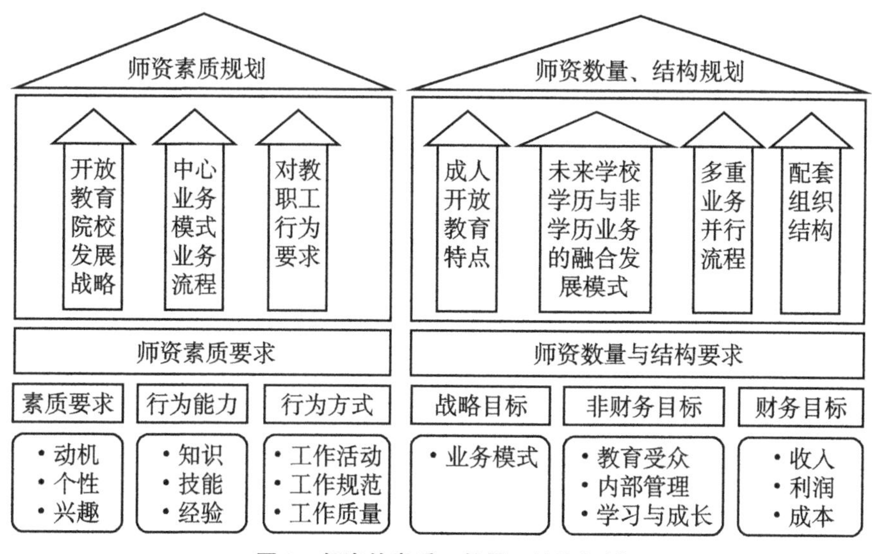

图 2 师资的素质、数量、结构规划

（1）师资数量规划。

开放教育院校师资数量规划是依据未来学校学历与非学历业务的融合发展模式、多重业务并行流程和配套组织结构等因素，确定未来各级部门编制及各岗位类别和等级人员配比关系或比例，并在此基础上制定开放教育院校未来师资需求计划和供给计划。

师资数量规划的实质是确定院校目前编制和岗位人员数量，并且匹配服务全民终身教育和学习型社会建设的师资需求。换言之，师资数量规划最终要落实到院校编制和岗位设置上。

（2）师资结构规划。

师资结构规划是依据开放教育院校所从事的成人教育特点、未来战略重点发展的学历与非学历业务融合模式，对师资进行分层分类，同时设计和定义岗位类型和等级、职责及权限等，从而理顺各类岗位人员在学校发展中的地位、作用和相互关系。师资结构规划的目的是要打破学校已形成的隐形壁垒对师资管理造成的障碍，为满足各类业务融通发展需要对相关岗位人员进行师资开发与管理提供条件。同时，师资结构规划也为建立或修订院校师资管理系统，如任职资格体系、素质模型、薪酬体系和培训体系等打下基础。

师资数量规划、结构规划及素质规划是同时进行的，数量规划和素质规划都是依据结构规划所确定的结构进行的，因此师资结构规划是关键，也是一个难点。

（3）师资素质规划。

师资素质规划是依据开放教育院校发展战略、中心业务模式、业务流程和对教职工行为要求，设计各岗位人员的任职资格要求，包括素质模型、行为能力及行为标准等。师资素质规划是院校开展选人、用人、育人和留人活动的基础与前提条件。

师资素质规划有两种表现形式：任职资格和素质模型（见图 3）。任职资格反映学校发展战略及运行方式对各岗位等级人员的任职行为能力要求；素质模型反映各岗位需要何种行为特征的人才能满足任职所需的行为能力要求。

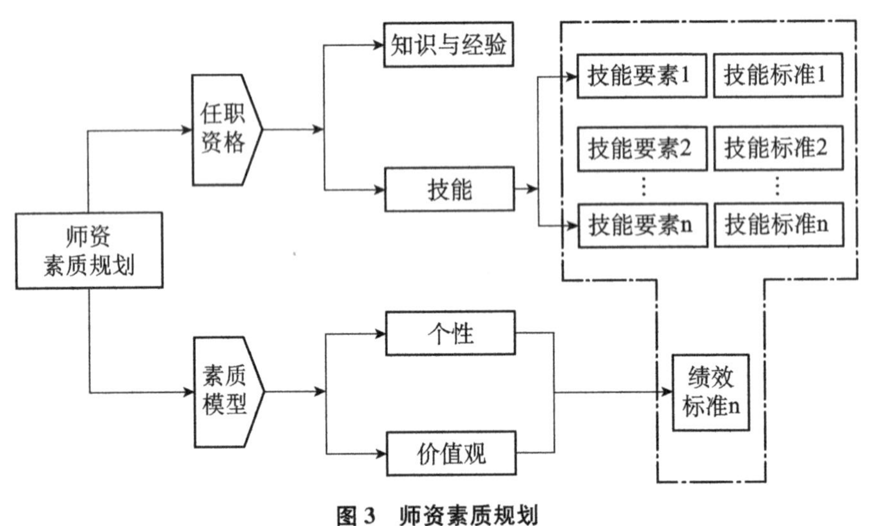

图 3　师资素质规划

2.3　师资队伍建设规划的具体表现

在执行师资队伍建设规划时，师资数量规划、结构规划、素质规划将转化为具体的师资计划，即晋升计划、需求计划、素质提升计划、退休解聘计划等。

（1）晋升计划。

晋升计划实质上是院校晋升政策的一种表达方式，根据师资分布状况和层级结构，拟定人员的晋升政策。对院校来说，有计划地提升有能力的人员，以满足岗位对人的要求，是院校的一种重要职能。从教职工个人角度上看，有计划地提升不仅意味着工资的增加，还意味着工作的挑战性、获得尊重的增加与满足自我价值实现的需求。晋升规划一般由晋升比率、平均年资、晋升时间等指标来体现。

（2）需求计划。

需求计划即是拟定人员补充政策，目的是使院校能够合理、有目标地填补各部门可能产生的岗位空缺。需求计划可以改变院校师资结构不合理的状况，但这种改变必须与其他计划相配合才是最经济、实用的。需求计划与晋升计划是密切相关的，因为晋升也是一种补充，只不过补充源在院校内部。晋升表现为院校内低岗位向高岗位的补充运动，运动的结果使院校内部的岗位空缺逐级向下移动，最终积累在较低层次的人员需求上。此时，内部补充就转化为外部补充——人员招聘与录用。同时这也说明，低层次人员的吸收录用，必须考虑若干年后的使用问题。此外，需求计划与素质提升计划也有密切联系。

（3）素质提升计划。

素质提升计划的目的是为院校中、长期发展所需要的岗位事先准备人员。素质提升计划的实施对于开放教育师资队伍建设尤为重要。开放教育院校在实现跨越式发展的同时也遭遇到了规模与质量、外延与内涵之间的矛盾。对标高质量发展的目标，师资队伍素质能力依然是制约开放教育院校高质量发展的关键。

（4）退休解聘计划。

退休解聘计划的实质是为院校建立起淘汰退出机制。现在的开放教育院校由传统广播电视大学转型而来，转型发展过程中形成少量冗余人员。一般教职工只要进入院校就不会被辞退，除非是主动辞职或是犯了重大错误。造成这种现象的一个重要原因就是院校只设计了向上的晋升通道，而忽略了向下的退出通道。而在师资队伍建设规划中的退休解聘计划就是为了弥补这一不足而设计的。晋升计划、需求计划、素质提升计划和退休解聘计划是相辅相成的，四种计划相互配合运用，其效果会非常明显。

2.4　师资队伍建设规划的操作程序与方法

制订师资队伍建设规划的工作步骤分为六步。具体如下：

（1）明晰院校发展战略。确认现阶段的院校发展战略，明确此战略决策对师资队伍建设规划的要求，以及师资队伍建设规划所能提供的支持。

（2）盘点师资底数。掌握院校现有师资的状况，是制订师资队伍建设规划的基础工作。实现院校战略，首先要立足于开发现有的师资，因此必须采用科学的评价分析方法。师资管理人员要对院校各类岗位人员数量、质量、结构、利用及潜力状况、流动比率进行统计。这一部分工作需要结合师资管理信息系统和岗位分析的有关信息来进行。

（3）预测师资需求。这一步工作与师资盘点可同时进行，师资需求预测主要是根据院校的发展战略规划和内外部条件选择预测技术，然后对人员需求的结构和数量、质量进行预测。

（4）预测师资供给。师资供给预测包括两个内容：一是内部供给预测，即根据现有师资及未来变动情况，确定未来所能提供的人员数量和质量；二是对外部师资供给进行预测，确定未来可能的各类人员供给状况。

（5）执行师资队伍建设规划和实施监控。师资队伍建设规划应包括预算、目标和标准设置，同时也应承担执行和控制的责任，并建立一整套报告程序来保证对规划的监控。

（6）评估师资队伍建设规划。虽然师资需求的结果只有过了预测期限才能得到最终检验，但为了给院校师资规划提供正确决策的可靠依据，有必要事先对预测结果进行初步评估，由院校领导、有关部门负责人、外部专家等组成评估组来完成评估工作。

2.5 师资队伍建设规划的执行

（1）师资队伍建设规划的执行者。

传统意义上的师资队伍建设工作主要由人事部门负责，例如招聘、培训、考核激励、薪金福利等方面的工作。随着开放教育院校高质量发展对人事管理部门工作要求和期待的提升，人事管理部门角色逐渐发生了转变，不再是单纯的行政管理的职能部门，而是逐步向学校管理的战略合作伙伴关系转变。同时，现代的师资管理工作也不仅是人事管理部门的责任，也是各部门管理者的责任，师资队伍建设规划也是如此，这些工作都是在各部门的负责人制订本部门的人员调配需求、素质提升、退休解聘等计划的基础上层层汇总到人事管理部门，再由人事部门相关负责人依据师资战略分析制订出来的，而非人事部门管理者凭空创造出来的。

（2）师资队伍建设规划的执行层面。

师资队伍建设规划的执行主要涉及三个层面：院校层面、跨部门层面及部门层面。

1）院校层面：院校层面上的师资队伍建设规划需要学校“一把手”的亲自参与，尤其是学校发展战略对师资队伍建设规划的影响，师资队伍建设规划对师资管理各个体系的影响及其指导方针、政策，必须由学校领导集体决策。

2）跨部门层面：跨部门层面上的师资队伍建设规划需要主管业务校领导执行，即对各个部门师资规划的执行情况进行协调和监督，并对师资队伍建设规划的实施效果进行评估。

3）部门层面：部门层面上的师资队伍建设规划又分为两种情况：

一是人事管理部门：人事管理部门不但要完成本部门的师资队伍建设规划工作，还要担任“工程师＋监理师”的角色。人事管理部门的员工既要做师资队伍建设规划的专家、制订者，又要做师资队伍建设规划的“监理师”与指导者，指导其他部门的师资队伍建设规划工作顺利进行。

二是其他部门：师资队伍建设规划工作应该是每个部门负责人工作的组

成部分。但在院校中，许多部门负责人是由业务人员提拔的，对于管理特别是师资管理没有经验，更不要说进行师资队伍建设规划了。对于新提拔的部门负责人，人事管理部门应给予培训，并把师资队伍建设规划作为业绩考核的重要内容之一，特别是其培养下属和评估下属业绩的能力。部门负责人应该主动与人事管理部门沟通，共同实现师资队伍建设规划的目标，而不仅仅在需要招人或辞退员工时，才想到人事管理部门。

（3）师资队伍建设规划的执行原则。

执行师资队伍建设规划时需要遵循以下五条原则。

1）战略导向原则：依据战略目标制订师资队伍建设规划以及具体的师资计划，避免师资队伍建设规划与院校发展战略脱节。

2）螺旋式上升原则：师资队伍建设规划并非一劳永逸，院校每年都需要制订新的师资队伍建设规划，即各类人员计划都会随着内外环境的变化、战略的转变而改变，但同时它们又是在过去的基础上制订的，且一年比一年准确、有效。

3）制度化原则：师资队伍建设规划分为两个层次：一是技术层面，即各种定性和定量的师资队伍建设规划技术。二是制度层面，一方面是指将师资队伍建设规划制度化，另一方面是指制订、调整有关师资管理制度的方向、原则，从机制的角度理顺师资各个系统的关系，从而保证师资管理的顺利进行。

4）人才梯队原则：从师资队伍建设规划实施的过程中建立人才梯队，从而保障工作人员的层层供给。

5）关键人才优先规划原则：对院校中的核心人员或骨干人员应首先进行规划，即单独设计此类人员的晋升、加薪、替补等通道，以保证相应人员的充足供给。

2.6 开放教育院校师资队伍建设的现实需求

党中央一直十分重视教师队伍建设。习近平总书记在全国教育大会上强调，建设社会主义现代化强国，对教师队伍建设提出新的更高要求，也对全党全社会尊师重教提出新的更高要求。2018 年 1 月，中共中央、国务院印发《关于全面深化新时代教师队伍建设改革的意见》，提出要以造就党和人民满意的高素质专业化创新型教师队伍为目标，高度聚焦比较突出的一些问题，积极谋划改革实施路径。2020 年 12 月，教育部等六部门印发《关于加强新时代高校教师队伍建设改革的指导意见》，为服务构建新发展格局，打造党和人民满意的高素质专业化创新型教师队伍提供了重要的政策支持和制度保障。

开放教育教师是教师的一种类型，同其他教育机构的教师一样，同样有着规划建设需要。开放大学作为以信息技术为支撑的从事开放教育的新型大学，其所需要的教师发展定位、专业思想、专业知识、专业能力都有所不同。建设一支与学校学历和非学历业务融通发展相适应，师德高尚、数量充足、结构优化、素质优良的高素质专业化创新型师资队伍，是开放大学建设的重要内容。

在开放大学转型期，为积极响应建设开放大学的号召，短短几年时间，开放教育系统的师资队伍有了较大幅增长，但仍存在师资力量较为薄弱和匮乏的情况，在很大程度上影响开放教育教学质量。质量是教育的生命线，对于以系统办学为特色的开放大学来说，既要保证师资数量与学生数量比例的合理，也要关注不同地区的师生比的均衡，使得开放教育学生都能获得良好的学习支持体验。

开放教育教师与普通高校的教师相比，专业背景相同，但从事的未必是本专业的教学工作。因为师资力量有限，开放大学的教师往往要负责多门课程。在这些课程里面，有些是本专业课程，而有些则是与专业背景相差较大的课程。教师的精力是有限的，有限的精力必然用在切合自身专业的课程上。而那些偏离专业背景的课程更需要花费大量的时间研读和自学，教师的时间分配必然会有所倾斜。教师的专业背景与其教授课程的匹配度高低，直接影响其教学质量，一些教师的专业匹配度较低，导致教师需要重新学习新知识。虽然有些专业间的知识有相关性，但是毕竟专业不同，知识的涵盖面不同，系统学习知识的时间有限。因此在授业解惑方面，与专业背景相同的教师相比，还是存在某些差距的。

目前，开放大学的师资主要是原来广播电视大学时期的师资，一些开放大学尤其是基层开放大学，师资队伍年龄结构老化，缺乏改革动力和活力，他们在教学中惯用以前在成人教育中的教学理念和方法，改革发展内生动力不足。师资队伍整体的年龄结构、学历学位结构、职称结构、岗位设置均衡性等方面有待进一步完善，专职教师、教辅人员、行政人员的配置存在失衡，一些开放大学存在年龄、学历、职称等方面的断层，未形成可持续发展的人才梯队。

开放教育教师既是教学资源的设计者，也是教学组织的实施者，更是学生学习的支持服务者。对于集三重角色于一体的教师而言，对于教师素质的要求也是不可或缺的。高素质的教师队伍是开放教育院校教育教学质量的重要保证。开放教育院校必须坚持目标导向、问题导向，针对教师队伍建设工作机制与实践路径进行专项研究，进一步明确开放教育教师的角色定位与职业发展，加强开放教育教师队伍建设工作机制与实践路径研究，扎实推进开放教育事业发展。

3 师资招聘与甄选

3.1 师资招聘的主要内容

在师资管理的实际操作中，师资招聘是指院校确定工作需要，根据需要吸引优秀师资来填补开放教育教学活动的师资空缺。师资招聘的目的是形成一个师资候选人的蓄水池，从中选择适合的师资。更具体地说，招聘包括：

（1）根据院校预期发展，分析未来师资需求；

（2）集中注意力吸引有资格的候选人；

（3）确定院校招聘活动的合法性；

（4）确定筛选候选人的过程是公开、透明的；

（5）确保师资招聘工作能够支持院校的战略目标，同时和院校发展协调一致。

3.2 确定师资招聘需求

（1）需求申请。

在开放教育院校发展过程中，出现新的岗位或岗位空缺时，就有了获取师资的需求。在院校内部的职能、业务部门有新员工需求时，应向师资管理部门提出正式的师资需求表，人事管理部门一般通过战略性的师资规划完成岗位配置需求分析这一规划性工作。

师资需求表（见表2）由师资需求部门在人事管理部门的指导下完成，主要有以下功能和作用：

1）上报师资需求信息。

2）由师资主管部门评价实际需求情况，这是院校内控体系的重要环节。

3）评价岗位内容，决定是师资替换还是岗位调整补充。

4）为招聘活动提供信息支持。

表 2　师资需求表

部门名称		岗位名称	
岗位类别		岗位等级	
需求理由			
岗位职责概述			
资格条件			

（2）定义师资需求。

人事管理部门在得到师资需求信息后，应着手进行师资招聘的准备工作，其核心工作就是定义师资需求的特征。在以岗位为基础的师资管理体系中，专业师资可以从院校内部已有的岗位说明书中获取目标岗位的相关信息，当然，这些信息需要在师资需求部门的配合下进行修订或再开发，确保需求信息的准确性；在以人为基础的师资管理体系中，应对岗位的素质模型进行修订，作为师资甄选的指导标准。

3.3　发布师资招聘信息

在定义师资获取需求以后，就进入了师资招聘实施阶段，这一阶段主要考虑的问题包括以下几方面：

（1）确定招聘途径。

院校师资招聘的途径主要分为内部和外部两种，在院校师资招聘实践中，往往过于强调外部招聘，而忽略了从院校内部调配师资。这两种途径各有其优缺点。内部与外部招聘的结合会产生最佳的结果。具体的结合力度取决于院校战略、岗位类别以及院校对师资吸引力的相对水平等因素。需要强调的是，对于院校的中高层管理人员，内部选聘是行之有效的途径。在具体的选择方面并不存在标准答案，一般说来，对于需要保持相对稳定的院校，中层管理人员更多需要从院校内部进行提升。

（2）外部招聘的渠道与策略选择。

院校的外部招聘主要有以下几种方式。

1）发布公告招聘。通过媒体发布公告形式向社会公开招聘人才是目前运用最为广泛的师资招聘方式。

2）校园招聘。学校是人才高度集中的地方，也是院校获取师资重要的源泉。定期到具有相应专业大学去做师资引进的宣传是现在可采取的比较高效的方式。

3）人才交流会。院校召开人才交流会是院校与师资候选人双向交流的场所，院校可以通过参加人才交流会直接获取大量应聘者的相关信息，既节省费用，又缩短招聘周期，并可以在信息公开、竞争公平的条件下，公开考核、择优录用。

4）网络招聘。网上招聘师资已经成为很多院校引进海外优秀师资的主要手段。

3.4 师资甄选

师资甄选是指院校通过一定的手段，对应聘者进行区分、评估，并最终选择拟聘师资人选的一个过程。

对于任何院校，尤其是在教育数字化背景下，对于以人才为核心竞争力的开放教育院校来说，选择合适的师资对于院校高质量发展的适应能力和发展能力，都会产生至关重要的影响。因此院校有必要在招聘到大量候选人的前提下，采用审慎且适当的甄选办法，从中挑选合适的人员。

师资甄选包括两方面的内容：一是甄选的客观标准和依据；二是师资甄选技术的选择和使用。

院校通过师资管理的两项基础性工具——岗位分析和素质模型，确定岗位包含的基础信息，除了对岗位本身的描述之外，对任职者的资格要求也进行了界定，这一信息正是师资甄选的客观标准和依据。

（1）师资甄选的客观标准和依据。

岗位内在的要求是师资甄选录用的客观标准和依据，而对岗位内在要求的描述主要体现在岗位分析和素质模型的构建中。

一般说来，师资甄选主要考虑应聘者以下方面的特征：

1）基本生理/社会特征：如性别、年龄、户籍等；

2）知识/技能特征：学历、专业、专业工作经历、其他工作经历、培训数量、专业资格证书等；

3）心理特征：各种素质、人格、兴趣偏好等。

岗位分析的最终结果包括两个部分：岗位描述和岗位规范（任职资格），其中岗位规范部分一般比较具体地涵盖了岗位要求的基本生理/社会特征、知识/技能特征。

岗位说明书规定的基本生理/社会特征、知识/技能特征一般是师资甄选中的“硬约束”，只需要在甄选时直接对应就行。

对于师资甄选中更具实际意义的“软约束”——心理特征，虽然有的岗位分析也涵盖此项内容，但更多的还是借助素质模型来体现。素质模型不但清晰地界定岗位所需要的素质类型，还根据岗位需要确定理想的素质类型等级，作为师资甄选的依据。在素质模型界定的基础上，根据素质维度的具体要求选择适当的师资甄选方法，以获取院校需要的师资。

（2）师资甄选的方式。

1）面试。

面试是指由一个或多个人发起的以收集信息和评价求职者是否具备岗位任职资格为目的的对话过程。面试是在各种院校中应用最为广泛的一种甄选方法，绝大多数院校在招聘过程中使用了某种形式的面试技术或方法。

2）笔试。

笔试主要用于测量应聘者的基本知识、专业知识、管理知识以及综合分析能力、文字表达能力等方面的差异。笔试的优点在于它花费时间少、效率高、成本低，对报考者知识、技术、能力的考查信度和效度较高，成绩评价比较客观，因此有些院校的人才选拔也配套选择这种方法。

3）管理评价中心技术。

管理评价中心是近来新兴的一种选拔专业人才的方法，它采用情境性的测评方法对被试者的特定行为进行观察和评价。根据岗位需求设置各种不同的模拟工作场景，让候选人参与，并考查他们的实际行为表现，以此作为师资甄选的依据。

3.5 开放教育师资招聘与人才引进的现实需求

开放教育院校应着眼于新时代发展特点，把握师资队伍建设的内涵和外延，依据“资源共享、优势互补、共同提升”的原则，积极做好师资招聘与人才引进工作，为建设以教育创新性为特色的开放教育办学体系师资共同体奠定基础。

师资招聘与人才引进工作为开放教育院校师资队伍建设储备了人才，对学校的整体提升做出了贡献。多所开放教育院校将师资招聘与人才引进作为学校事业发展规划的重点工程，并出台了相应的配套支持计划。但是从目前的发展形势看，高层次人才引进的数量和质量距离现实需要还存在一定差距，相比于普通高校，社会对从事开放教育这一类型的新型高等学校的认知不足、认可度不高，致使开放大学等单位对于高层次人才的吸引力不够。与开放教育转型发展速度相比，人力资源规划势必呈现出较为被动和滞后的现象，有时会表现为对人才的需求和供给情况预测不精准、招聘目标变动等现象。由于开放教育系统单位大多属于事业单位，招聘工作需要按照上级部门的要求组织开展，与企业常态化人才招聘相比，开放教育系统的招聘工作普遍呈现出时间短、次数少的现象。同时，招聘候选人对开放教育理念、线上教学技术掌握及运用还不够充分，符合开放教育系统教学科研要求的候选人数量有限，具有相关工作经验的数量更是极少，以致在人才招聘的过程中，用人单位面对有限的候选人，有时会出现因急于用人，降低招聘标准或阶段性录用率不高等情况。

开放教育院校做好师资招聘和人才引进，需要提前进行科学合理的规划，明确师资招聘和人才引进目标，优化进人途径，为优秀人才引进提供保障。同时，还应做好人才的后续管理培养工作，充分发挥人才的作用，发掘人才的价值，尤其应着眼于师资共同体的建设与发展，这是面向未来的师资需求预判与后备人才储备。

开放教育院校应主动对接和服务区域经济和社会发展需要，深入区域体系办学单位、街道和社区，打造“市校＋分校＋街道＋社区”的办学体系师资共同体，建立起能够有效支撑开放教育高质量发展的教师队伍。可考虑选取“1 所分校、2～3 个街道、4～5 个社区”作为试点，由市校选聘 3～5 名教师、分校选聘 3～5 名教师、每个街道和社区开拓 1 名驻地兼职教师组建“单元师资团队”，市校同步提供配套政策保障，扎实推进业务拓展，深度推进院校各项业务入基层、入社区、入家庭。单元师资团队成型后，再逐步增加试点区域并向全市铺开，渐进式完成办学体系师资共同体建设。开放教育院校要注重建立师资共享平台，整合社会各类资源，发挥系统办学优势，吸纳学科互补或资源互补的多类型人才，积极营造和谐统一的系统协同合作环境，逐步建成具有开放教育特色、多元化结构功能的开放教育办学体系师资共同体。

4 师资培训与开发

4.1 师资培训与开发的界定和作用

进入新发展时代，开放教育院校生存和发展的环境变得更加纷繁复杂与快速多变，院校经历着来自全球一体化、信息网络化、知识与创新等各种的挑战和冲击，每一种挑战和冲击都对师资培训与开发提出了新的需求。如院校持续学习的需求、师资核心专长与技能形成的需求、素质能力提升的需求等，这些需求要求开放教育院校要以更广阔的视野、从支撑院校核心竞争力的角度去思考和构建师资培训与开发工作，也使得师资培训与开发成为师资管理实践中一个投入大、产出高并极具增长潜力的领域。

4.2 师资培训与开发管理

师资对于开放教育的核心能力和竞争优势的支撑，从根本上讲取决于师资的专业化技能和水平。以数字化战略与核心能力为导向的培训开发体系，将对培养和提升开放教育师资的核心专长与技能提供重要的支持。培训与开发体系设计往往包括两大核心、三个层面、四大环节。

（1）两大核心——基于战略的职业生涯规划，设计这一系统模型的两大核心要点是，既要考虑院校战略与发展目标对师资的要求，又要切实考虑教职工的职业生涯发展需求。为了真正发挥培训开发工作在师资管理中的作用，一切培训开发活动都应体现这两个理念的基本要求。

（2）三个层面——师资培训与开发系统模型可以被区分为三个不同的层面，即制度层面、资源层面和组织层面。制度层面涉及院校培训开发活动中各种制度，如课程开发与管理制度、教材开发与管理制度、师资开发与管理制度、培训经费使用与管理制度等；资源层面描述了构成培训开发系统的各种关键要素，如课程、教材、师资、场地、设备、经费等；组织层面主要从实践的角度来介绍院校培训与开发机构的工作内容与流程。

(3) 四大环节——四大环节描述了培训开发部门组织一次完整的培训开发活动所必须经过的一系列程序步骤，即培训需求分析、培训计划制订、培训活动组织实施以及培训效果评估。院校培训开发部门在四大环节上执行力的强弱直接决定了培训开发活动的有效性。

4.3 师资培训开发与设计

师资培训开发活动通常包括培训需求分析、培训计划制订、培训活动组织实施以及培训效果评估四个环节。为了操作的方便，通常都将培训需求分析与培训计划制订放在一块儿来做，而培训效果评估也并不全是在培训开发项目完成之后才进行，通常在培训需求分析的阶段就开始进行培训效果评估。比如，在确定培训需求之后，可以就培训的目的、培训的内容以及培训的对象进行评估，从而能够保证培训开发项目从一开始就是有效的。具体开发流程见图 4。

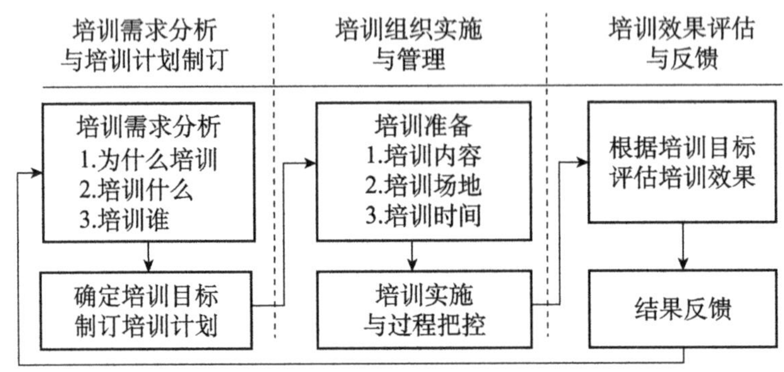

图 4　培训开发流程图

(1) 对培训与开发需求进行有效的分析。

培训开发工作十分繁杂，策划和组织一个培训开发项目要求遵照相应的流程，尤其是要对流程中的关键点实施严格的管理与监控。通常来说，培训需求分析、培训课程与教材设计以及培训师资是培训开发工作管理的重点。

（2）有效的培训组织与实施。

① 课程与教材开发管理：课程设计的主要目的是根据培训项目的目标确定培训课程大纲，为教材开发做准备。课程设计的主要成果是形成一份标准的、明晰的授课计划。

② 培训师资开发与管理：担任培训活动的讲师一类是从院校内部挑选出来并经过相应的培训的，另一类是直接从外部聘请的相关领域专家。内部讲师和外部讲师各有所长。师资部门在着力培育内部讲师队伍的时候，要特别重视选拔与培养工作。

③ 培训管理工作职责层次：培训体系的构建与管理工作纷繁庞杂，需要人事管理部门、业务部门、培训专业人员以及受训者的支持配合共同完成，培训组织部门提供资源、方法、制度，各级管理者推动，培训人员有效组织培训，教职工积极参与，这样才能真正有效推动培训工作，提高培训有效性。

（3）确保培训成果转化。

培训成果的转化是指将在培训中所学到的知识、技能和行为应用到实际工作中去的过程。培训成果的转化在很大程度上受到工作环境的影响，包括转化的气氛、管理者的支持、同事的支持、运用所学能力的机会、信息技术支持系统以及受训者自我管理能力等诸多方面。工作环境对培训成果转化起到了极其重要的作用。

4.4 培训开发技术与方法

一般培训方法包括在课堂上的学习、自我指导的学习及通过专家传授来接受培训学习。技术技能的培训可以采用专家传授法，具体知识能力的提高可以使用自我指导的培训项目。

（1）课堂培训学习法。

① 讲座和讨论：讲座和讨论的方法一直以来都是培训项目中的主要实

施方法，一般指培训者进行课堂讲授，并辅以问答、讨论、自由发言等形式。这种方法能够以最低的成本、最少的时间耗费向大量的受训者提供某种专题或者学术前沿信息。参与培训的教职工在培训中学会并能够运用到工作中的信息量与参与培训的积极程度与练习程度有关。

② 案例研究：案例研究的技术可以帮助参与培训的教职工建立起分析和解决问题的技能。在案例研究中，教职工接到书面材料，向他们描述院校发展所面对的困境或难题。这个报告可能是实际的或虚拟的，参与培训人员可以根据诸如人、环境、规则等因素来分析问题，提供解决方法。案例研究过程中的自我思考和自我发现可以导致受训者对原理更好地理解和更长时间的记忆，参与的教职工也更加愿意投入。

③ 角色扮演：在这个技术中，参与培训的教职工在特定的场景中或情境下扮演分派给他们的角色。角色扮演主要运用在人际问题的分析、态度的改变以及人际关系技能的发展方面。这个技术使参与人员有许多机会经历许多工作中的问题。参与培训人员通过尝试各种不同的方法对问题进行解决。角色扮演的学习效果取决于参与者是否愿意实际地采用角色，并像是在真实的工作环境中一样来表现。

（2）自我指导学习法。

自我指导学习法是指由参与培训教职工自己负责的学习，不需要任何指导者，只需按自己的进度学习预定的培训内容。培训者只是作为一名辅助者负责评估培训人员的学习情况并回答所提出的问题。培训者不控制或指导学习过程，而完全由受训者自己掌握。

自我指导学习法既有优点，也有缺点。从个人方面来说，它使得参与者可以按照自己的节奏进行学习并能够得到关于学习绩效的反馈。从学校角度来说，自我指导学习不需要太多的培训者，降低了培训成本，并且使得在多种场合进行培训变得更为现实。但自我指导培训的局限性就在于参训人员必须是愿意学习并且喜欢自学这种学习方式的人，而且这种培训方法的开发时间也比其他类型的培训项目更长。

（3）专家传授法。

专家传授法是一种要求参与者积极参与学习的培训方法，包括情境模拟、行为示范等。这种培训法对于以下几个方面是非常有用的：开发某种特殊的技能；理解如何将技能和行为转化到实际工作之中；体验完成一项任务的过程中会遇到的所有各个方面的内容；处理在工作中所产生的各种人际问题等。

4.5 开放教育教师培训与开发的现实需求

开放教育教师在服务终身教育与学习型城市建设过程中发挥着重要作用，推进开放教育事业发展必须更多地关注教师的专业发展。随着科技进步和社会发展，技术对教育产生了“革命性的影响”，学生的学习方式、教师的角色及教学模式都在发生着改变。对于开放教育教师而言，在“互联网+”时代背景下，教师的角色、教学模式及工作重心都有所调整，原有的知识、能力及素质已经无法满足新时代的要求。在提升教师专业发展的过程中，教师培训与开发扮演着越来越重要的角色。

开放教育院校充分利用社会优质资源，采取以“专兼结合、专职教师为骨干、兼职教师为主体”的方式进行师资队伍建设，因此开放教育教师具有来源、知识背景、素质和能力层次丰富化、多样化的特点。实际调研发现，虽然信息化等各类培训持续在开展，但专兼职教师均有知识和技能匮乏之感。其原因一方面是培训学习内容的适应性有待进一步增强，另一方面是部分教师接受新技术、拓展新资源的主动性和意愿有限。

尤其是开放教育院校的兼任教师所占比例比较大，他们是开放教育院校教师队伍的重要组成部分，是不可缺少的补充，这点与普通高校师资队伍的构成有明显区别。兼任教师因受其主要岗位业务的影响，他们在教学上投入的时间、精力和接受教学研讨的机会相对较少，因此专业知识更新可能相对较慢、教学技能实践相对薄弱，而且稳定性较差。由于时间或工作限制，愿意且能够参加所在院校及系统组织的培训、寻找学习机会的人数并不多。

开放教育院校作为正在启航的新型高等院校，亟须构建具有开放教育特点的师资培训模式、培训体系及配套措施，以保障师资培训的实效性。开放教育师资的培训与开发应侧重于培养适应新时代背景的教学技能和教学改革能力，以及在教学中的信息技术与学科整合能力、数字化教学评价能力、数字化协作能力、促进学生数字化发展的能力等多种现代教育技术能力。与此同时，开放教育院校也要注意激发专兼职教师的内生动力，引导其根据成人学生的实际情况及学习特点创新教学理念和教学方法，促使师资素质和能力水平不断提升。

5 绩效考核与管理

5.1 绩效的界定

绩效，也称为业绩、效绩、成效等，反映的是从事某一种活动所产生的成绩和成果。开放教育院校的绩效包含三层含义：一层是学校整体绩效，是指学校事业发展的成果；一层是部门绩效，是指学校内部各二级部门形成的工作成果；一层是教职工个人绩效，是指教职工个人按照学校要求完成的工作成果。学校整体绩效、部门工作绩效和教职工个人绩效之间并不是孤立的，三者之间的关系如图 5 所示。

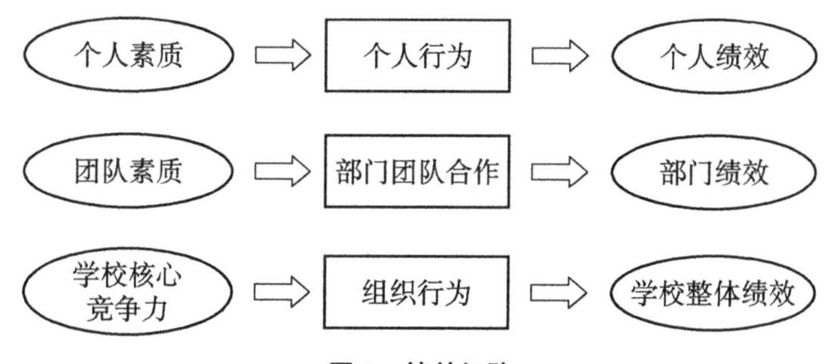

图 5 绩效矩阵

个人绩效是由教职工个人的职业化行为所决定的，主要考察的是教职工达到目标的行为是否达到学校设定的岗位职责标准、是否在按照岗位工作程序做正确的事情。个人素质是决定个人职业化行为的主要因素。部门绩效主要是由部门团队合作的程度所决定的，部门团队建设、跨团队跨职能合作、知识经验共享、学习型组织的建立等“素质”是团队高绩效的决定因素。学校文化和共同愿景则将个体、部门与学校的绩效有机地结合在一起，最终实现学校的战略目标。

5.2 绩效管理的界定

绩效管理代表着对于组织绩效相关问题的系统思考。绩效管理的根本目的是为了持续改善学校、部门和个人的绩效，最终实现学校的战略目标。为改善绩效而进行的管理活动都可以纳入绩效管理的范畴之内。

随着新时代开放教育发展，开放教育院校为高质量落实立德树人根本任务，深化综合改革，走内涵式发展道路，已经将绩效管理作为一种管理思想，渗透在学校组织管理的整个过程之中，涉及院校文化、战略和计划、组织、师资、领导、激励、统计与控制等各个方面。比如机构调整、岗位优化、全面质量管理、目标管理、考核评价等等，都纳入绩效管理的范畴之中。

（1）绩效管理是管理学校绩效的一种体系。一般包括计划、改进和评价三个方面。绩效计划主要是制定学校发展愿景、战略以及对绩效指标设定等活动。绩效改进则是从过程的角度进行分析，包括组织机构流程再造、岗位设定优化、持续性过程改进、全面质量管理等活动。绩效评价则包括绩效的衡量和评估。

（2）绩效管理是管理教职工绩效的一种体系。

这种观点通常用一个循环过程来描述绩效管理，具有多种形式。图 6 所示便是一种。

学校与教职工应该在绩效的期望值问题上达成一致的认识。绩效激励是部门管理者的一项职责。部门管理者也在绩效考察方面发挥着特殊的作用。应该特别注意的是，绩效评价是学校和教职工共同参与的活动，绩效评价应该是一项不断进行的活动。

（3）绩效管理是把对院校的管理和对教职工的管理结合在一起的一种体系。绩效管理作为一种管理思想，应该进行系统思考和持续改进。在教育数字化背景下，开放教育院校快速发展，发展过程中遇到的问题会相互交织、相互影响，绩效作为学校发展过程中的总体表现，涉及的层面不是单一的，需要进行系统思考。同时，各项工作也需持续改进，持续改进是一个不断学

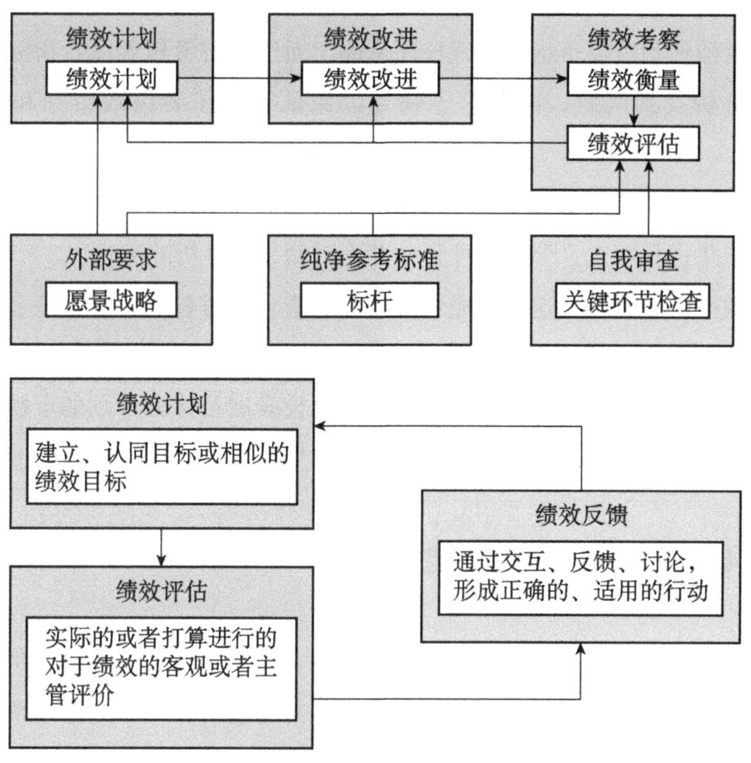

图 6　绩效管理：计划、评价和反馈

习、不断总结进而不断提高的过程。随着数字化高速发展，“学习”作为一种管理思想早已渗透在开放教育院校管理的方方面面了。

5.3　绩效管理的实施

开放教育院校所从事的工作有别于普通高等院校，从事学历、非学历等多项业务，主要面向社区人员、老年群体或是在职人员等开展多层次、多类型的各项学习支持服务，所以绩效管理的内容更为丰富，实施过程更为复杂。绩效管理包括绩效目标和计划、绩效辅导和监控、绩效评价和检讨、绩效反馈和激励等环节。

绩效目标和计划是绩效管理实施过程的起点，学校和教职工的目标与计划形成了目标体系，确立目标体系的主要依据是学校战略，学校管理者与教职工共同确定绩效目标和计划。

绩效辅导和监控是指绩效考核评价部门通过对被考核者绩效指标完成情况进行分析找到问题，同时给予辅导以保证被考核者绩效目标和计划的完成。

绩效评价和检讨是对绩效考核评价部门在考核期结束之后，对被考核者的目标成果进行客观、公正的评价，并面对面予以分析的过程。

绩效反馈和激励是这个阶段最重要的内容，是考核者和被考核者根据考核结果和绩效监控的结果，对完成不好的指标进行分析，寻找问题的根源，并确定改进的措施。绩效管理的结果会对院校发展目标和计划的审视、教职工岗位调整与薪酬回报、师资开发计划等产生重要的影响。

5.4 绩效监控体系的建立

在确定绩效计划到绩效评价之间，考核者有一个重要的责任就是准确把握院校或者部门的运作状况，与被考核者保持持续的沟通，这是非常重要和必要的。一方面，院校发展需要不断地进行改进和调整，工作内容、目标及其重要性可能都会随之改变，必须通过考核者和被考核者持续不断的沟通，使得院校的发展适应环境变化的需要，及时调整工作目标和工作任务，保证工作过程是动态的、与发展方向相适应的。另一方面，从管理的角度来讲，即使没有大的环境变化和调整，考核者和被考核者也需要沟通。对于管理者来说，需要协调下属的工作，需要及时了解工作的进展状况，需要避免意外的发生，需要将一些潜在的问题消除在萌芽状态。这些都需要通过不断的沟通才能实现。而且，如果管理者要帮助下属更好地完成工作，也需要通过不断的沟通才能帮助他们获得更好地完成工作的信息。对于教职工来说，都希望在工作过程中能不断得到关于自己工作绩效的反馈信息，以便不断地改进。

此外，教职工需要及时得到管理者相应的资源和帮助，以便更好地达到目标。同时，通过沟通，可以使教职工了解工作内容和重要性的调整变化，以便于适时进行调整。而且，沟通也是教职工获取认同感的重要途径和方式。

对于院校的各级管理者来说，需要一个能够准确反馈各级工作节点状态的信息系统为管理者提供支持，这就是绩效监控体系。

绩效监控体系设计的指导思想是，通过绩效监控体系，为学校决策层提供决策依据，为其更好地监控学校管理与运营提供有力支撑和保障，同时也为各业务与管理部门的业绩评价提供依据。最终达到学校战略目标的实现和学校竞争力的全面提升。

绩效监控体系是从绩效管理需求的角度监测学校各级工作节点状态的指标库，而设定绩效计划时，应用的指标只是其中极少的一部分，而大部分的指标在日常管理过程中，也在不断地进行统计，融入学校系统管理之中。这些指标的状态会在设定的时间内相应地反馈给各级管理者，使他们在指导下一级人员完成绩效计划的同时，对于整个院校或者部门的运作状态有一个全面的了解。

根据绩效监控体系的指导思想，绩效监控体系的设计原则如下：

一是经营战略对监控体系贯穿始终。绩效监控体系的设计应该注重覆盖监控院校管理与运营全过程的关键绩效指标（KPI）。因为，所有这些关键绩效指标在开发时都指向学校战略，保障了各业务模块指标之间清晰的关系。

二是监控重点放在关键业绩指标上。在监控指标体系的设计中，应该力求抓住对管理与业务流程起关键作用的业绩指标，避免因考核体系“大而全”而引起的可控性和可操作性差的问题。

5.5 绩效考评的实施

1. 绩效考评的内容和意义

绩效考评，也可以称为绩效考核、绩效评价，是对绩效结果进行衡量、评价和反馈的过程。绩效的衡量能够促进院校和个人的绩效改进。

绩效考评包括院校考核与员工考核，院校考核的结果与员工个人考核的结果是紧密相关的。

绩效考评是绩效管理中的反馈环节，考核的目的不仅仅是给出一个分数，更为重要的是通过充分的沟通，使得学校、各部门以及教职工进行目的性更强的绩效改进。

有效的绩效考评应该满足下面几个条件：

- 提供反馈，带来绩效改进的建设性反馈。
- 修改绩效计划，确定新的绩效目标或者行动计划。
- 支持师资管理，为薪酬、晋升、培训等方面提供支持。

绩效考评所提供的信息可以促进管理者和他们的下属一起去探讨问题、发现缺陷，从而为实现绩效改进指明方向。此外，从师资管理的角度来看，人员配置、绩效考评、人才培养和激励政策是保证学校师资管理有效性必不可少的四个关键系统。在这四个系统中，绩效考评是最重要的，是其他三个系统赖以建立的基础。绩效考评所提供的信息，对于员工配置、人才培养和激励政策都会产生直接的影响。

绩效考评是对院校或者教职工的、以战略为导向确定的绩效目标完成情况进行考评，而不是对人们常说的素质，即“德”（职业道德与个人品德）、“能”（管理能力与操作技能）、“识”（理论知识与实际见识）这些方面进行考评。绩效考评和素质考评虽然都是对师资进行考评，但是内容和侧重是不同的。

绩效评价和目标管理紧密结合。目标管理用“一定质量要求下”的“工作量”和“工作进度”为指标，把学校各岗位人员的工作，转换成可以用比较精确的数字来加以衡量的标准，形成目标体系。目标体系使整个学校的工作，从长期、中期到短期，从整个学校、各个部门到个人，从教育教学管理到各方面工作，都成为可以把握、可以衡量的东西。目标和衡量方法是考核者和被考核者双方达成共识的结果，绩效评价应该由考核者给出。“素质考评”用的是综合各方面评议的方法，比如常见的360度考核法。综合直接上级评估、间接上级评估、自我评估、下属评估、同级和协作部门评估，通过它们之间一定比例的互相牵制，使总的评价尽可能地做到客观、公正和准确。

2. 绩效考评的主要方法

绩效考评的方法很多，散布于大量的书籍和资料之中。这里仅对常用的一些绩效考评方法进行列举和介绍。

(1) 图尺度评价法。

图尺度评价法，又称等级评价法，是最简单和运用最普遍的工作绩效评价技术之一。这种方法先给出不同等级的定义和描述，然后考核者针对每一个绩效指标、管理要项，按照给定的等级进行评估，然后再给出总的评估。这种方法的关键在于评价等级说明。

常见的等级分类方式还有很多种，比如优、良、中、差等。不管如何划分、如何描述，其基本的技巧和方法都是一样的。这里需要注意的是，这些评价等级标准也是考核者和被考核者双方充分沟通达成共识的结果，在建立目标体系的时候已经完成了。这种方法简单、容易操作，但是也容易遇到一些问题。首先，操作时容易敷衍了事，很多管理者习惯于评定比较高的等级，等级失去了真实反映绩效目标完成状况的意义。其次，评价等级的描述相对而言比较模糊和抽象，比如"创造性完成工作""明显超出绩效标准"，不同的人在评估时标准不同。

(2) 关键事件法。

在应用关键事件法时，考核者将每一位被考核者在工作活动中所表现出来的非同寻常的好方式或者非同寻常的不良行为（或事故）记录下来。然后，每隔一段时间，比如一个季度或者半年，考核者和被考核者根据所记录的特殊事件来讨论后者的工作绩效。

关键事件法有着许多优点：

① 它为考核者向被考核者解释绩效评估结果提供了一些确切的事实证据；

② 它保持一种动态的关键时间记录，可以使考核者获得一份关于被考核者运用何种途径消除不良绩效的具体实例。

如果要应用关键事件法对被考核者进行绩效考评的话，那么在确定绩效目标和计划的时候，就要将关键事件与绩效目标和计划结合起来。

关键事件法通常可作为其他绩效考评方法的一种很好的补充。它在认定工作人员特殊的良好表现和劣等表现方面是十分有效的，而且对于制定改善不良绩效的计划也是十分方便的。但是，在对相关人员进行比较或者做出与之相关的薪酬调整、晋升或培训时，可能不会有太明显的作用。

（3）交替排序法。

交替排序法，又称个体排序法、排队法，是根据绩效考评的要素对工作人员从绩效最好到绩效最差进行排序。通常来说，从被考核者中挑出最好的和最差的，要比绝对地对他们的绩效进行考评要容易得多。

交替排序法是一种运用得非常普遍的工作绩效考评方法。其操作方法是：

① 将需要进行考评的所有被考核者名单列举出来，然后将不是很熟悉因而无法对其进行评价的人的名字删去；

② 在被评价的某个方面，挑出最好的和最差的；

③ 在剩下的被考核者中再挑出次好的和次差的。

依此类推，直到所有必须被考评的对象都被排列在表格中为止。

（4）配对比较法。

配对比较法，顾名思义，就是将每一个被考核对象按照评价要素与其他被考核者一一配对，分别进行比较。它使排序型的工作绩效评价法变得更加有效。

每一次比较时，给表现好的员工记“＋”，另一个员工就记“－”。所有员工都比较完之后，计算每一个人“＋”的个数，依次对员工做出评价。谁的“＋”个数多，谁的名次就排在前面。

（5）强制比例法。

强制比例法可以有效地避免由于考核者的个人因素而产生的考核误差。比如同一部门内部，不同部门负责人对员工进行考评过程中松紧程度不一，最终可能导致人为的不公平。这时就需要用强制比例法进行校正。强制比例法一般都是按照一种提前确定的比例将被考核者分别分布到每一个工作绩效等级上去。

在上述5种方法中，侧重点各不相同，有的侧重于评出绝对的等级，有些偏重于排出顺序，有些侧重于消除考核者人为因素的影响。实际上，在选用这些绩效考评方法的时候，切忌生搬硬套，而应根据学校的实际情况进行取舍。而且对于一个学校来说，绩效考评的方法往往不是单一的，而是一套方法的组合。实际上，考评的标准和方法是考核者和被考核者充分沟通达成共识的结果，双方都认同的方法就是最有效的方法。

3. 绩效考评中常见的问题和对策

虽然大家设计了很多绩效考评方法来进行绩效考评，但是有些问题可能会使这些方法失去效率。这些问题主要包括以下几个方面：

(1) 绩效评价标准模糊不清。这是造成绩效考评方法失效的常见原因之一。

(2) 晕轮效应。晕轮效应指的是考核者对被考核者某一绩效要素评价较高，就会导致对此对象的其他绩效要素也评价较高。尤其是那些考核者印象比较好的员工，这种问题就更容易发生了。

(3) 居中趋势。所谓居中趋势，就是被考核者的考评等级都向中间靠拢。比如，如果评价等级是从第 1 级到第 7 级，结果很可能就是考核者避开较高的等级（第 6、7 级），也避开较低的等级（第 1、2 级），而把大多数员工都集中在第 3、4、5 级上。这种过于集中的评价结果会使绩效考评丧失作用，对于提高绩效的努力作用很小。

(4) 偏松或者偏紧倾向。有些管理者对工作人员要求很严，工作绩效考评偏低，有些要求比较松，工作绩效考评则偏高。这会在学校内部造成不公平。这种现象也很普遍。

(5) 考核者的个人偏见。因为被考核者之间的个人差异（如年龄、性别等个人特点方面的差异），会影响到考核者对他们的评价，甚至导致他们得到的评价大大偏离实际工作绩效。此外，被考核者过去的绩效状况可能会影响当前所获得的绩效评价结果。比如，考核者可能会全面高估以往低绩效者的绩效改善状况，而将一位高绩效者的绩效下滑程度看得很严重。当被考核者绩效变化缓慢时，考核者可能对之并不敏感。

4. 绩效考评的实施

被考核者的直接管理者通常是对被考核者进行工作绩效评价的人，因此，他们必须熟悉工作绩效考评技术和方法，能够理解并且设法避免绩效考评过程中可能出现的问题，从而公正地进行绩效考评工作。师资部门在绩效考评中扮演的正是这样一个顾问角色，为各级管理者输出考评方法，以及对方法的应用进行培训和指导。

有时候，也可以组成工作绩效考评委员会来实施工作绩效考评。这个委员会通常由被考核者的直接主管和几名其他方面的管理者共同组成。尽管不同的评价者因为各种偏差而得出不确切的结论，但是多个评价人员来进行工作绩效考评得出的综合性结果，有可能比单个评价人员得出的结论更可信、更公正、更有效。他们的共同结论，有助于消除晕轮效应、考核者个人偏见带来的问题。

有些院校在进行工作绩效评价时，还采用被考核者自我评价。通常与管理者评价结果结合使用。但是，研究表明，员工对他们的工作绩效做出的考评，一般都要高于管理者给出的考评结果。一些将自己列入高绩效的员工，在很多时候确实低于一般绩效水平。因此，采用被考核者的自我评价时，应该谨慎。各级管理人员应该注意的是，由他们对员工进行绩效考评和由员工进行自我评价，因为差异，有可能导致双方的矛盾。

绩效结果分析与反馈是绩效考评过程中最重要的内容，是考核者和被考核者双方充分沟通，针对绩效考评的结果和绩效监控体系中反映出来的绩效问题，共同探讨原因所在，并且确定寻找改进途径的过程。

通过绩效结果，确定下一阶段的绩效目标和计划，如此周而复始，实现院校、部门和教职工个人的绩效持续改进。

5.6 开放教育绩效考评的现实需求

绩效考评作为开放教育院校内部治理的重要环节，是推进学校高质量发展的重要推手。开放教育院校作为国家高等教育体系创新发展的新兴事物，具有自己的办学目标、办学标准、办学定位和办学特色，在办学理念、服务对象、技术支撑、组织体系、办学模式、教育教学制度等方面与普通高校存在明显的区别。普通高校的实践经验并不完全适用于开放教育院校的建设发展。开放教育院校现行的绩效考核体系历经多年探索，考核的正向激励、发展引领、综合促进等作用不断显现，在推动教职工个人成长、提升工作绩效、促进部门间合作、增强教职工归属感和凝聚力等方面都发挥了积极的作用。

从战略管理的角度来看，开放教育院校绩效考核评价体系的运行既是本阶段战略管理流程的终点，可以综合评价本阶段的职能完成情况，同时又是下一阶段战略管理流程的起点，能够有效促进新阶段的职能提升和评价程序优化。绩效考核为内部治理系统提供有效的信息和方法，贯穿内部科学管理的始终。其次，绩效考核制度可以较为直观地体现职能分配情况和各利益相关者的互动关系。绩效考核的制度安排和运行程序主要包括制度体系顶层设计、构建评价指标体系、确定总体目标和分解各层具体目标、制定计划和标准、进行业绩评价、检查调整、应用考核结果等诸多重要环节，这些重要环节是映射学校内部治理结构的一个窗口，可以很好地呈现学校内部的职能结构及各主体的责权利关系。

开放教育院校的绩效管理最主要的就是要确定学校的绩效，制定学校的发展规划和目标。开放教育院校绩效目标应着眼于构建终身教育体系和学习型社会的全局，以全民终身学习为己任，以搭建服务全民学习、终身学习的大平台思考学校的未来，按照“多元并举”的办学思路，拓宽社会化教育服务新领域，使开放教育院校在人才培养观念上有更大突破，人才培养模式上更加成熟深化，体制机制上更加灵活多样，成为开放教育的主阵地，非学历教育的领跑者，具有重大影响的教育事业领域。

第三部分

抓落实　重实践

1 国家开放大学：以高水平教师队伍建设推进世界一流开放大学建设

教师是国家开放大学事业发展的基础，是提高教育教学质量、建设世界一流开放大学的关键。近年来，学校深入贯彻落实学校第一次党代会提出的“名师名教”培养工程和“十四五”事业发展规划明确的“高水平教师队伍建设工程”，以高层次人才、学科带头人和中青年骨干教师的引进和培养为重点，以教育数字化建设为抓手，以深化教师体制机制改革为支撑，创新工作机制，激发队伍活力，学校师资队伍建设取得显著成效。

一、以党建为引领，加强教师思想政治和师德师风建设

（一）坚持把党的政治建设摆在首位

学校以习近平新时代中国特色社会主义思想为指导，深入学习贯彻党的二十大精神，全面贯彻党的教育方针。锚定学校党代会确立的“三步走”发展目标，贯彻落实《国家开放大学综合改革方案》《国家开放大学“十四五”事业发展规划》部署，突出高质量发展主题，以高层次领军人才、学科带头人和中青年骨干教师的引进和培养为重点，实施重点项目，发展重点学科与专业，着力培养名师名教团队，建设高素质教师队伍，引导教师做学生为学、为事、为人的大先生。

（二）提高教师思想政治理论修养

加强教师理想信念教育。引导广大教师争做“四有好老师”，当好“四个引路人”，切实提高教师的政治判断力、政治领悟力、政治执行力。创新教师思想政治工作方式方法，举办线上集体备课活动，为办学体系思政教师领会党的二十大精神提供指导。利用校园网、报纸、微信、微博等多种媒体

形式开展政治理论宣传教育，推出“学习党的二十大精神”系列直播课，录制“马克思主义理论新发展”系列名师好课，开展思政课教学展示活动，上线课程思政专题网站，开设“四史”通识课，构建思政课程群，深入探索“导学测问拓”五位一体的在线思政教学模式等。引导教师强化课程思政，加强价值引领，弘扬爱国主义精神，做到授课有纪律、言论有规矩。

（三）完善师德师风制度体系

加强师德师风建设，开展形式多样的师德师风教育活动。推进师德师风基地建设，探索师德师风建设新模式。建设、引进一批优质师德师风教育课程，将师德教育纳入新进教师培训和在职教师培训必修内容。开展师德师风建设先进单位、师德标兵和师德先进个人评选活动，充分发挥师德先进典型的示范引领作用。深入落实教师职业行为十项准则，加强教师职业道德修养教育，开展教师失范行为警示教育。

构建思想政治和师德师风建设长效机制。出台《国家开放大学关于进一步加强师德师风建设的意见》，制定《国家开放大学教师职业行为基本规范》，完善教师行为准则，明确教师行为负面清单。强化师德考评，在教师资格认定、教师招聘、人才引进、职称评审、岗位聘用、年度考核、推优评先、表彰奖励等工作中，严格坚持以师德师风为第一标准。

二、以教育数字化建设为抓手，推进教师转型发展

（一）学习资源数字化

加强对教师资源建设、识别与应用能力的培养培训，引导教师遵循“以学习者为中心”的资源建设宗旨，探究从学习者需求角度进行优质数字化学习资源设计和教材建设，打造“数字化”名师。加强资源识别与应用主题交流，鼓励教师互相传授经验，共同探讨检索资源、发现资源、识别资源和应用资源的相关问题，不断提高教师的资源识别与应用水平。

（二）教学过程数字化

深入推进教学过程数字化，引导教师切实树立数字化与教育教学深度融合的教育理念，帮助教师了解和掌握必要的教育技术，提升教师的数字化课程研发能力、在线教学设计能力、在线教学组织实施能力、新技术运用能

力、资源获取与检索能力等，促进教师数字化能力的不断提升和可持续发展，打造一支基于互联网思维的数字化师资队伍，推动学校办成数字化大学。

（三）考试测评数字化

以推行基于数字技术的全过程纵向评价和德智体美劳横向综合评价为背景，推动教师考核测评现代化能力的提升和发展。以推进考试测评数字化，探索智能阅卷、作业抄袭检测等新技术的应用为目的，提高教师的数字化素养与能力。通过建立“招、教、考、学”核心数据指标近 170 项，初步实现“真学真做真考”数据动态监测和预警，以考促学、以考促教，提升教师教学内容的实用性和有效性。

（四）管理服务数字化

以全面推进管理服务数字化为背景，建成国开“智慧大脑”和决策驾驶舱，推进从“流程驱动”专项为“数据＋流程”双驱动，实现核心数据的动态监控、预警、趋势分析和决策辅助，构建开放大学的教师治理体系，为教师提供精准、个性和智能化的管理服务，提高教师管理的效率和服务效能。

三、以教师培养培训为常态，提升教师专业能力

（一）多种形式开展教师培训

学校以打造高水平一流学科与专业为目标，注重加大教学名师和高层次人才的培养力度，通过分级分层开展线上线下相融合的教师业务培训，提升教师的学科与专业建设能力、教学科研能力、全球化教学资源识别应用能力和“互联网＋”教育教学的管理和治理能力。

加强教师国内外交流。学校依托教育部、留学基金委设立的培训项目选派部分教师赴国外开展进修、合作研究和学术访问。“十三五”期间，共派出学术交流访问团 51 个，累计派出教师 231 名。具有海外留学背景的教师有所增加，教师的国际化视野明显提升。支持青年教师学历提升，“十三五”期间，共有 16 名教师在职攻读博士学位。

（二）注重优秀青年教师培养

完善青年教师岗前培训和评估体系。实施青年教师导师制，鼓励骨干教

师与青年教师结成师徒对子，向青年教师传授教育理念、教学方法、职业规划等经验。加强青年教师实践锻炼，继续实行新进教师轮岗制度，鼓励青年教师参与学校教学改革和各种教学活动。鼓励青年教师通过挂职锻炼和国内外访学提升能力，通过在实验学院、中央广播电视中等专业学校等部门任教或参加支教、帮扶等活动，强化育人使命担当。为青年教师提供成长机会，分类评价优秀人才，拓宽晋升渠道，激发青年教师的工作积极性与创新活力。

（三）部门协同、体系联动共助教师成长

加强党对教师队伍的全面领导，坚持“党管人才、党管教师”原则，学校党委全面统筹教师队伍建设的组织和领导，各职能部门按照各自的职责范围分工负责、积极组织、协同推进各项计划的实施。

分类建设总部与区域培训基地。推进总部、分部（学院）与大中型企事业单位合作共建培训基地。采取总部与分部（学院）合作、共同投入的方式，遴选具有较强学科优势、教师培养培训经验丰富的分部（学院）作为区域培训基地。依托培训基地，实现培训模式创新，形成若干可借鉴、可推广的应用模式及创新案例。

四、以改革服务为杠杆，激发教师活力

（一）引育用管促发展

学校持续加大教学名师和高层次人才的培养力度，落实《国家开放大学高层次人才引进暂行办法》，引导高层次人才为学校事业发展贡献智慧，形成高层次人才引进的长效机制。

截至 2023 年，学校有全国优秀教师 1 人、国家级课程思政教学名师 15 人、北京市优秀教师 3 人、北京市教学名师 4 人、北京市青年教学名师 5 人，7 个团队被评为国家级课程思政教学名师团队，3 个团队被评为北京高校继续教育高水平教学团队，以教学名师、优秀教师为代表的领军人才和高水平教学团队数量稳步增长。学校聘请高校、科研院所、企事业单位 360 名知名专家、学者承担主编主讲，聘任王怀超、庞中华等知名专家、学者为特聘教授，活跃学校学术氛围，增强教师的教学设计、信息素养和教学科研

能力。

（二）推进职称制度改革

立足“破五唯、提质量、重教学”，着力推进职称制度改革。学校印发《专业技术职务评聘工作暂行办法》，着力完善不同类型、不同层次教师的职称评审指标，逐步建立与岗位特点、学科特色、研究性质相适应的评审体系。2022 年学校开始试行职称评审代表作制度，更加突出评价业绩成果质量、原创价值和对学校发展的实际贡献，逐步扭转重数量轻质量的评价倾向，进一步调动干部职工的主动性和创造性。

（三）科学设计考核体系

坚持党建工作与业务工作同考核，持续深化二级考核工作机制，分类制定考核体系，科学量化考核指标。完善教师专心从教、从研、开展学科建设的相关制度，建立教师工作量制度，激发教师队伍活力。探索教师分类管理，让教师有更多的时间和精力用于教学和科研。搭建教师专业发展平台，鼓励优秀教师脱颖而出。

（四）注重教师权益保障

优化教师发展环境，深化绩效工资改革，保障教师权利待遇，加大教师表彰力度，开展优秀教师、教学名师、优秀教学成果等多种形式的教师表彰奖励活动，并落实相关优待政策。拓宽教师参与学校建设和管理渠道，确保教师在学校党代会、教代会中的参会比例，保障教师在学校制度制定、政策执行中的知情权、参与权、话语权和监督权，不断增强教师主动投身学校事业发展的主人翁意识。

五、小结

在学校党委的全面领导和统筹下，立足新发展阶段，贯彻新发展理念，以数字化倒逼教师队伍的管理机制，通过打造常态化、系统化的教师培养培训体系，精准引育，突出重点，推进、完善一系列的人事制度改革措施，为全面建成中国特色世界一流开放大学和数字化大学转型提供强有力的人才支撑。

2 北京开放大学：学习贯彻党的二十大精神　打造新时代高质量开放教育教师队伍

强国建设，教育优先；教育发展，教师优先。办好人民满意的教育，需要建设一支人民满意的教师队伍，才能为建设教育强国提供坚实支撑。新时代新征程，必须深化教师队伍建设改革，将高质量教师队伍建设作为教育强国建设的基础工程、重中之重。

一、新时代教师队伍建设的决策部署

（一）国家层面决策部署

百年大计，教育为本；教育大计，教师为本。党的十八大以来，习近平总书记站在党和国家事业发展薪火相传、后继有人的战略高度，为新时代教师队伍建设指明前进方向，对教师工作提出明确要求。

2018 年，中共中央、国务院印发《关于全面深化新时代教师队伍建设改革的意见》中指出，到 2035 年，教师综合素质、专业化水平和创新能力大幅提升，培养造就数以百万计的骨干教师、数以十万计的卓越教师、数以万计的教育家型教师，教师主动适应信息化、人工智能等新技术变革，积极有效开展教育教学。

2020 年，教育部等六部门印发《关于加强新时代高校教师队伍建设改革的指导意见》的通知，要求在建设高校教师发展平台，着力提升教师专业素质能力方面，提出健全高校教师发展制度、夯实高校教师发展支持服务体系等措施。

2021 年，十九届六中全会《中共中央关于党的百年奋斗重大成就和历史经验的决议》提出，全面贯彻党的教育方针，优先发展教育事业，明确教育的根本任务是立德树人，培养德智体美劳全面发展的社会主义建设者和接班人，推动高等教育内涵式发展，推进教育强国建设，办好人民满意的教育。

2022年，党的二十大报告高位谋划了全面建设社会主义现代化国家的路径，就建设教育强国、科技强国、人才强国作出重要部署。教师是教育高质量发展的第一资源，是科技自立自强的关键支撑，是人才队伍建设的重要保障。贯彻落实党的二十大精神需要打造新时代高素质专业化创新型教师队伍。

（二）北京市层面决策部署

2021年11月24日，北京市委常委会召开会议，提出三方面要求：一要加强师德师风建设。要引导广大教师学为人师、行为世范，把为学、为事、为人统一起来，当好学生成长的引路人。二要健全教师培养培训体系。要指导教师立足本职，潜心钻研教材、教法，提升教师教书育人能力。三要深化评价制度改革。要调动教师主观能动性，完善激励机制等方面要求，推进各高等学校全面落实深化教师队伍建设改革任务。

2022年3月8日，北京市召开教师工作会，部署五方面重点工作。第一，全面加强党对教师工作的领导，筑牢思想根基。一是加强党对教师队伍建设的全面领导；二是始终把政治建设摆在教师队伍建设的首位。第二，巩固拓展师德师风专题教育成效，加大监管力度。一是各高校将新时代教师职业行为十项准则全面落实到新教师岗前培训和在职教师全员培训中；二是强化教师师德评价监管；三是加强师德师风舆情监控；四是严格落实日常监管。第三，加强高校和职业院校教师培训和实践，提升教书育人综合素质能力。一是要进一步探索建立和完善高校和职业院校教师培训制度和机制；二是要加强交流合作，强化实践能力。第四，深化教师考核评价改革，充分发挥激励导向作用。第五，优化教师管理信息化服务手段，为支持教育决策和服务教师提供支撑。

二、新时代开放教育教师队伍建设的实践与阶段性经验总结

“兴国必先强师”，教师承担着传播知识、传播思想、传播真理的历史使

命，肩负着塑造灵魂、塑造生命、塑造人的时代重任，是教育发展的第一资源。学校在长期的办学实践中，始终坚持创新求实，全面实施“人才强校”发展战略，将人才视为学校第一核心竞争力，始终把教师队伍建设作为最重要的基础性工程，着力推动规模适度、结构优化、作用突出的高素质专业化创新型人才队伍建设，完善竞争机制和激励机制，全面激发教职工教书育人、干事创业的新活力，为学校高质量发展提供强有力的人力资源保障。

（一）重视师德建设，塑造队伍发展风貌

作为新型开放大学，学校长期以来十分重视师德师风建设。近年来，学校相继出台《北京开放大学教师职业行为十项准则》《北京开放大学教师师德考核实施办法》《北京开放大学师德失范行为处理办法》《北京开放大学师德“一票否决”实施细则》等系列师德文件，完善了师德考核评价指标，将师德考核贯穿于教育教学、科学研究和社会服务的全过程，坚持把师德师风作为人员招聘、年度考核、职称评审、评优奖励等工作的首要标准。

学校高度重视师德典型培育与选树工作。自 2019 年以来，学校每年开展学校自有品牌的师德师风系列主题论坛活动，组织师德专题讲座、参观爱国主义教育基地等系列师德教育活动，持续发挥优秀教师典型的引领示范和辐射带动作用，有效提升学校教师思想政治素质和师德水平。

（二）优化教师评价办法，激发教师创新活力

为推进教师考核评价制度的改革，学校出台《北京开放大学教师工作量核定指导意见》《北京开放大学聘期考核结果运用的补充说明》等一系列制度文件，开展了大量的政策解读和教育培训工作，不断完善学校考核评价的制度机制。

一是注重过程评价，突出对重点与创新工作的考核评价。2021 年，学校出台《北京开放大学教师工作量核定指导意见》，有序推进校院两级管理，充分激发二级学院的管理自主性，有效发挥二级学院在教师绩效考核中的主体作用。指导意见中主要强调“三个平衡一个重点”。首先，把握学院间平衡，推进校院两级管理落实。考虑各二级学院专业、课程、师资等方面差异较大，转变对教师工作量“一管到底”的核算方式。进一步明确校院两级权责，既有对教师工作量核定的统一要求，也赋予各二级学院自主权，相应体

现在文件中，既包括总体指导标准，也配套更加细化的参考标准。其次，把握学院内部教师之间的平衡，突出教师工作量考核重点。明确学校对于二级学院、教师在开展教学工作方面的工作方向和要求，突出考核重点，即考核关键指标。再次，把握国开业务与北开业务平衡，简化考核标准和程序。最后，突出重点与创新工作，引导教师与学校高质量协同发展。明确学校对重点工作、教学改革、教学创新、教学竞赛、非学历品牌项目等方面工作的认可与激励，引导和鼓励教师开展相关方面工作。

二是坚持考核原则，助力教师顺利通过聘期考核。2021 年，学校出台《北京开放大学聘期考核结果运用的补充说明》，推进考核管理工作的落实，逐步完善能上能下、能进能出的用人机制。配合补充说明文件出台，学校同时认真做好教师聘期考核筹备工作。按照有底线、有回报、有方向、有发展、有竞争的教师队伍建设思路，适时做好教师岗人员聘期考核任务完成情况的阶段性摸底工作，积极做好宣传引导工作，为各类教师岗人员搭建学习交流平台，创设成长机制，有效破解制约教师专业发展的困境问题。

三是进一步修订职评文件，深化教师职称制度改革落实。为进一步落实教育部《关于深化高校教师职称制度改革的指导意见》、市人力资源社会保障局研究制定的本市高校教师职称制度改革相关政策，学校形成专班进行系统学习和研讨，深入推进学校职评文件修订工作，将思想政治和师德表现作为评聘的首要条件，强化教学业绩和教书育人实效在职务职称评聘中的比重，在保持基本制度与上级的一致的基础上，结合学校实际，进一步完善职称评审标准。

（三）加强教师培养培训体系建设，形成人才成长阶梯

“发展是第一要务，人才是第一资源，创新是第一动力。”为促进人才成长发展，学校着力营造鼓励优秀人才脱颖而出的学术环境。

一是推进“双高”人才选育，以点带面实现队伍建设的创新发展。2022 年，学校出台《北京开放大学教学名师奖选育暂行办法》《北京开放大学北开学者选育暂行办法》，大力开展校内高层次人才选育工作，选育一批优秀的北开名师、北开学者，形成团队和梯队建设机制，充分发挥高层次人才引领作用，以点带面，搭建教科研团队，加大激励，鼓励教职工追求卓越，不

断进步。同时以项目为依托，加强带头人和创新团队建设，促进学校教学和科研整体水平不断提高。加强院、系等学习共同体建设，培养一批教学名师、业务和管理骨干人才，促进各类人才专业能力发展。

二是建立健全进修培训管理制度，不断完善教师专业化发展体系。2022年，学校组织出台《北京开放大学教职工进修培训管理办法》《北京开放大学专技管理人员培训方案》等进修培训制度，夯实教师发展的制度基础。同时，按照“出制度、建资源、强统筹、搭平台”的工作思路，学校也逐步建立健全了教师发展制度机制，加大资金和政策支持力度，进一步完善培训等相关管理办法。主要包括：系统设计培训体系，创新培训模式，提供精准化、个性化培训；利用北开大讲堂等平台，充分激发学院和教师自我发展的积极性，充分利用信息化手段，营造教育培训新模式；扩大宣传推广，加强引导力度；统筹全系统教师培训，组织实施系统教师队伍建设项目，逐步推进能够服务于首都市民终身学习和学习型城市建设的、符合开放教育新型教学模式要求的教师队伍发展工作。

三、新时代开放教育教师队伍建设的设想

一流的教师队伍是创建一流开放大学的基础和保障。教师队伍建设的关键在于深化改革，而改革的关键在于突破体制机制障碍，大胆进行体制机制改革创新。下一步，应深入落实党中央关于教师队伍建设的重大决策部署，进一步谋划促进教师队伍建设和发展的改革举措，努力造就一支高素质、专业化、创新型开放教育教师队伍。

（一）着力提升教师思想政治素质，全面加强师德师风建设

加强教师党支部规范化建设，开展教师党支部书记“双带头人”培育工程，开展教师党支部书记培训。围绕师德师风建设，健全教师党支部与每一位教师谈心谈话制度。坚持党的组织生活各项制度，创新方式方法，增强党的组织生活活力。加强教师党员队伍建设，提升发展党员质量，健全教师“双培养”机制。加强党员教师日常管理监督，巩固拓展党史学习教育成果，推进“两学一做”学习教育常态化、制度化，引导党员自觉爱党、护党、为党，敬业修德，争做奉献社会的示范标杆。明确师德建设是教师队伍建设的

第一要务，师德师风是评价教师队伍的第一标准。持续开展师德专题教育，持续加大师德考查考核力度，将师德考查考核结果作为教师评价等系列人事管理工作的首要要求和第一标准。

（二）健全岗位管理体系，完善各类人员职业发展通道

坚持党管干部、党管人才的原则，打通青年教师、人才、干部成长通道，建立健全教师人才干部“三位一体”融合发展机制，有计划地把优秀教师放到重要岗位“经风雨、见世面、壮筋骨、长才干、挑大梁”，形成党管人才工作的新格局。按照分类指导原则，积极探索教师分类办法及管理制度，促进教师职业多元化发展。以新一轮岗位聘任为契机，研究制定与学校核心业务相适应的岗位设置、岗位管理制度、人员退出机制和岗位聘任办法。

开放大学教师承担教学的组织和设计、课程的设计与资源开发、教育技术的研究与运用、教学团队的组织和运维等多种复合角色。随着开放大学实践的推进，教师的角色定位与素质提升过程也在不断发生着变化，开放大学必须通过一系列的制度和措施，帮助教师巩固其学科专业知识体系，发展实践技能素养，提升学科研究的专业性和适切性，使其职业存在状态由“生存型”转向“发展型”，并在持续的发展中实现“自我约束、自我完善”。

（三）坚持多主体多元评价，提高考核评价的科学性和实效性

明确教师教学业绩和管理服务规范的底线要求，强化业绩和教书育人实效在教师考核评价中的比重。针对不同类型、不同层次教师，建立以“同行评价、学生评价、教学督导评价”为一体的评价方式，进一步优化教师考核评价标准和制度。针对不同岗位的管理服务人员，建立以“部门领导、部门其他人员和管理服务对象”为一体的评价方式，进一步优化管理服务人员的考核评价标准和制度。推动二级学院在考核评价方面的自主权运用，切实激发教职工立足岗位干事创业的积极性。

（四）完善评价制度和机制，充分发挥“指挥棒”作用

坚持向教学倾斜，注重能力、实绩和贡献评价，破除“唯论文、唯帽子、唯职称、唯学历、唯奖项”痼疾，按照“分类评价、注重实效”原则，实行“代表性学术成果”制度，分类制定不同学科的评价细则，完善专业技

术职务评审标准。积极探索建立符合思想政治理论课教师职业特点和岗位要求的评审标准和评审体系。构建面向人人、覆盖各类岗位，涵盖职务晋升、评奖评优、境内外培训等内容的组合激励体系，为每位教职工提供更多的成长机会，积极引导教职工将个人发展融入学校转型发展大局，促进学校和教师共同发展。

（五）深化绩效分配制度改革，有效发挥激励机制作用

适时推进绩效分配制度改革，实现“多劳多得、优绩优酬”。完善奖励性绩效工资分配办法，建立奖励与工作业绩挂钩的分配机制。加大对能够较好完成学校急难险重任务、在教学、科研和管理服务方面取得突出业绩等各类人员的奖励力度。引导二级部门充分运用其在奖励分配方面的主体作用，切实提高激励的针对性和实效性。

虽比高飞雁，犹未及青云。北京开放大学以新时代教师队伍建设改革为新起点、新契机，坚持内涵发展，致力教育创新，彰显开放特色，努力推进学校高质量发展进程。

3 天津开放大学：加强师资队伍建设 打造开放教育高质量发展新引擎

教师是教育工作的中坚力量，高质量的教育需要高质量的教师队伍。天津开放大学牢固树立高素质教师人才是第一资源的理念，始终坚守立德树人的初心使命，坚持以“三位一体”的师德师风建设为先导、以“三个相结合”的教师能力成长为核心、以“内生外导”的人才管理制度为依托，着力打造一支政治素质硬、业务能力精、育人水平高的专业化、高素质、创新型教师队伍，服务学校创优提质、转型发展，取得了积极成效。

一、全面加强党的领导，提升教师思想政治素质和师德素养

教育百端，师德为先。学校全面贯彻落实习近平总书记关于师德师风建设的重要指示精神，坚持将教师思想政治教育和师德师风建设融入教师队伍建设各个环节，将专项制度规定与日常教育督导有机结合，统筹规划、常抓不懈，引导广大教师以赤诚之心、奉献之心、仁爱之心投身开放教育事业。

（一）严把师德首关，推进师德师风建设常态化

注重师德师风建设，树立职业责任感。学校相继成立师德建设工作领导小组、师德建设工作委员会、党委教师工作委员会，加强党对师德工作全面领导。面向教师、教职工代表采用问卷、座谈方式，定期分析研判学校师德师风工作进展情况和教师思想动态。开展“十项准则”承诺活动，建立师德档案，依据《年度师德考核工作方案》开展考核，结果运用在职称评审、岗位聘任、推优评先等工作中，落实师德师风“一票否决”要求。

完善教师准入制度，建立职业神圣感。规范教师资格申请的认定标准，组织新入职教师签订师德师风既往承诺，建立完善师德失范人员的禁入机

制。将师德师风作为岗前培训“第一课”，扣好青年教师职业生涯“第一粒扣子”。接受师生及社会的监督，建立师德监督信息举报渠道，对每件反映情况，及时协同有关部门做好做实调查处理。

（二）坚持教育者先受教育，师德培育与自我修养并重

明确教育培育在师德涵养中的重要性，开展系统引导教育。制定实施《师德专题教育工作方案》，对教师思想政治工作、职业道德素养等工作进行系统设计、整体部署、统筹推进。年初部署全年师德建设和集中理论学习的重点，按月发布学习主题，年底进行考核反馈。跟进学习教育部曝光的违反十项准则典型案例，警示教师知红线、明底线。

持续推进师德培育涵养，创新思想政治自我修养方式。浇花浇根，育人育心。在“师德必修课”中，学校党委书记、校长带领教师学习先进教师典型的伟大精神，激发教师自我修养源动力。在天津市“津门师德巡讲”中，多名优秀教师现身说“教”，探寻为党育人、为国育才的路径方法。在“厚植爱国情怀·涵育高尚师德”自主培训中，形式多样的系列教育活动有效地提升教师自身修养。

（三）开展先进评选表彰，营造尊师重教、兴贤育才良好氛围

教育引导教师继承发扬老一辈教育工作者“捧着一颗心来，不带半根草去”的精神，组织学习教书育人楷模、黄大年式教学团队、最美教师等先进事迹，开展争做“四有好老师”倡议活动。开展教师节系列表彰活动，擦亮敬教劝学底色，彰显尊师重教风尚。将荣休教师、优秀代表、从教三十年教师的表彰活动和新入职教师的宣誓仪式相整合，新老交接、赓续荣光，增强教师的使命感、责任感和荣誉感。

开展“身边的榜样·教师的风采”宣传活动，对“师德标兵”“师德先进个人”“优秀教师”先进典型连载报道，展示其职业素养、教书育人、服务社会等方面的事迹，充分体现优秀师德所蕴含的知识修养和文化品位。

二、师资建设融入学校发展，着力提升教师专业素质能力

好老师是在教学管理实践中、在教育改革发展中锻炼成长起来的。学校始终重视师资培育工作顶层设计，紧密围绕事业发展和专业课程建设的需要

来谋划组织。近三年共开展培训200余场次，组织参训1.66万人次。

（一）坚持师资建设与学校事业发展相结合

师资建设优先保障学校发展战略实施。聘期岗位设置中，坚持优先保障教学、优先保障专业、优先保障核心竞争力原则，及时引导广大教师向办学一线聚集，落实“学部为经，学院为纬，教管合一，学用融合”的办学格局向纵深推进。面对师资断层、结构性空岗等问题，通过内部选调、外部招引等方式补齐教师队伍短板，持续优化教师专业结构配置，有效缓解思政课、共享专业等教师紧缺问题，35岁以下青年教师比例提高7.68%，具有硕士学位教师占比达95%，生师比优于国家开放大学办学评估标准。

师资建设优先支撑学校特色工作。天津开放大学是全国系统中承担共享专业建设任务最多的分部，师资需求大、要求高。通过专业师资的及时有效配置，工程造价（本）专业顺利成为地方开放大学体系首个获得学士学位授予权的专业，应用化工技术（专）专业年招生办学规模超万人。近三年，校内共享专业招生比重从7.5%提高到24.2%。

鼓励教师加入总部各学科类学术组织，做学校专业建设和事业发展的“领头雁”和“智囊团”，优秀教师相继成为国开总部学术委员会、学位委员会、质量保证委员会等成员，参与国开57门课程网络核心团队工作，带动全校教师全员参与学校网络教学团队教研，切实加强课程教学建设整体水平。

近三年，1名教师被评为天津市优秀教师，4名教师及其团队被评为天津市高校课程思政教学名师和优秀教学团队，7名教师获国开先进教师称号，45名教师参加总部各类教学比赛获得一等奖4项、二等奖8项、三等奖8项、优秀奖13项。24名教师获天津市第七届、第八届和第九届高等教育教学成果奖一等奖5项、二等奖6项。

（二）坚持师资培育与教学需要相结合

不断丰富自主平台的课程资源，满足教师教学能力提升需求。搭建“天津开放大学在线学习中心”平台，引进233门、1 040学时优质课程，为教师在政策理论、教学方法、课程思政、信息技术等方面能力提升和知识更新提供支持。精选的思政课程和课程思政教学能力培训课程，包含各学科专业挖掘思政元素融入课堂教学的案例课程，有效引导广大教师将立德树人融入渗透到教育教学全过程。第三方问卷调查显示，培训课程总体评价为“非常满意”和“比较满意”的比例占90%以上。随着平台使用的不断完善，逐步开放使用范围，将系统办学单位纳入其中，有效提升学校系统教师的整体水平。

多样化培育形式有效拓展教师实践教学能力。探索形成“思政课程双人负责制”和“课程思政指导制”，校领导与思政教师一起备课、带头讲课，同时每名校领导每年还负责指导6～7门“课程思政”示范课建设，定期组织召开课程思政建设研讨会，不断推动思政课教师和其他教师的课程思政工作迈上新台阶。坚持“以赛助教”，连续6年面向系统组织混合式教学说课大赛。邀请优秀教师以案例教学的形式讲授混合式教学说课，指导教师快速掌握教学要领。2022年混合式教学课程思政说课大赛中，校本部45岁及以下中青年教师全部参加，13名教师获得4个组别的奖项，充分发挥了示范引领作用，增强了实际教学经验。通过联合培养方式增强校内外研修与实践相结合，重点培养选派青年教师赴北京大学、北京师范大学、浙江大学、天津大学等知名院校参加研修学习，选派2名教师完成国开优秀青年教师培养项目、8名教师参加高校哲社科教学科研骨干研修班、4名教师参加在线国际研修项目，选送1名教师完成美国密歇根州立大学孔子学院任教，并获双学年工作考核“优秀”评定。

配套专项经费支持教师转型发展，切实推进“双师型”教师队伍建设取得实效。选派教师团队到国家会展中心（天津）进行岗位实践，参与首展的前期筹展、中期布展和后期撤展工作，带领学生以志愿服务的形式参与其中。近三年，37人次考取法律、会展职业经理人、社会工作者等领域25项职业资格或技能资质，为学校践行“服务全民学习”宗旨和建设“三基地一平台”提供师资支撑。

（三）坚持师资发展与社会需求相结合

锚定服务全民终身学习主线，制定《非学历教育师资培育计划》，抽选优秀中青年教师，通过搭建项目培养平台、强化培训通识能力、加强实践能力锻炼、完善考核评价机制等措施，促进教师转型发展和职业成长与社会需求紧密结合。通过有计划分类施策培养，在家庭教育、老年教育等方面逐渐积累专业培训师资，为社会家庭教育工作推进、社区老年教育发展提供有力支撑。

家庭教育培训师资专业化水平不断提升。选派教师进学校、入社区参与社会实践，录制课程资源、出版培训教程，体验电台直播访谈，为教师积累案例和开展教学设计搭建平台。在专项培训、承接研修项目中，逐步形成“专业能力与实践能力同步发展的专业化师资培养模式”。团队教师受邀在江苏大学举办的“教育的社会责任”国际会议上进行全英文家庭教育学术报告分享。

老年教育社会培训成效持续凸显。组织教师深入社区、养老机构开展系列公益活动，有效提升教师的社会服务能力，利用官方公众号、直播小程序、视频号等多维平台打通线上授课渠道，形成“线上线下互动，校内校外结合的教学能力培养模式”。中央电视台《东方时空》栏目报道学校发挥技术和资源优势，建立社区银发大学和教育实践基地，打造百姓身边的老年大学，办好人民满意的社区教育和老年教育的情况。学校推出的《幸福密码》线上情感系列公益课，点击观看超 10 余万人次，荣获教育部“智慧助老”优质教育培训项目和优质课程资源，《天津日报》、天津电视台、人民网、新浪网等多家媒体进行宣传报道与转发。

围绕区域经济发展探索产教融合，推动高素质专业化创新型教师队伍建设。近三年 2 人获批天津市企业科技特派员，一人为高新技术企业的技术环节自主创新研发提供服务、加强科技成果转化应用，另一人作为农业企业管理者负责组织实施企业经营性资产的规范化建设等工作。

三、完善高校教师管理制度，激发师资队伍动力潜能

科学的教师评价考核与绩效分配机制，对树立正确用人导向、引导教师职业发展、激发创新教师活力等具有重要作用。学校注重职称晋升、绩效分配与教学工作的有机衔接，着力破除“五唯”顽瘴痼疾，为教师队伍建设创造良好的制度环境。

（一）修订职称评价标准，激发教师教书育人内生动力

坚持职称评审中师德师风、育人成效、业绩质量的有机统一，制定并实

施学校首个教师系列和教育管理研究系列职称评价标准。坚决强化师德为先，切实发挥基层党组织的政治把关作用，将思想政治表现作为首要指标，明确师德失范行为“一票否决”。牢牢把握育人为本，将教学质量考核优秀、课程思政示范课建设、教学团队建设、教研教改项目研究、指导培养学生成效等作为教师系列职称评审的必要业绩条件，推进教师教学业绩成果的检验与评价。严格尊崇质量为要，在推行“代表性成果”评价的基础上探索“标志性成果”申报制度，申报人可选取3～5项不限类型、不限级别的业绩材料作为标志性成果，在宣讲中对其学术价值、工作实效、创新性以及对社会和学校发展的实际贡献与影响力进行重点阐述，优化评委客观评价机制。近三年，参评教师代表性成果鉴定结果含“高”或“较高”评价的比例均稳定在100%，标志性成果形式逐年拓宽，有效引导教师产出多元化的高水平业绩，破除“SCI论文至上”思想。

深化职称制度改革，修订专业技术职称“自主评审”工作实施方案，逐步建立与岗位特点、学科特色、研究性质相适应的评审体系。优化评审工作程序，申报频次调整为“报二停一”。注重校外同行专家评价，自主评审中的校外评委占比保持在50%～85%。严格落实“六公开”“三承诺”“两公示”程序要求，形成较为完备的职称评审及监督管理体系。自2021年开始承担部分系统办学单位高校教师职称评审工作，助力系统教师职业发展。

（二）优化考核分配，引导教师聚焦学校教学发展

充分发挥绩效考核分配的引导作用。建立学校对部门、部门对教职工的两级考核管理机制，发挥教师党支部作用，提高教师道德修养。以质定优、以责论罚，考核结果与绩效分配正向挂钩，建立重质量、重实绩、重贡献的激励机制，鼓励教师干事创业，积极参与学校高质量发展。

建立教学业绩考核分配体系。年度绩效考核设置教育教学、资源建设和专业建设等任务指标，设置教育教学质量考核指标，建立和完善考核压力传导机制。赋予办学单位充分的绩效分配自主权，实现统一的学部绩效目标导向和“一部一策”的绩效分配管理办法，促进教师教学业务素质和教学业绩质量提升。

绩效分配向关键岗位、教学业务骨干和做出突出贡献的人员倾斜，建立

推动事业发展的奖惩机制。强化绩效考核的正向激励作用，设置专项加分指标鼓励积极创新、开拓进取，设置正负面清单变量考核，提升教师对学校荣辱影响的责任感。设置专业带头人、优秀共享专业建设团队、课程建设团队、社会培训团队、优秀科研成果团队等专项奖励，实现按劳取薪、优绩优筹。

4 青海开放大学：立足高原锻造队伍建设高质量有特色开放大学

教育大计，教师为本。教师是学校转型发展的源动力，是深化教育改革的生力军，是推进学校高质量发展的建设者。青海开放大学在开放教育长期实践中，通过推动“人才强校”战略，以“网纳百川、育达江源”的胸怀，以终身教育人才“凹地效应”，推动教师创新驱动，推行教师体系建设，推进各方面优秀人才聚集到学校高质量、有特色发展中来，形成“有利于教师聚集、有利于教师成长、有利于教师发展提升”的格局，着力激活教师“内动力”簇生，为构建终身教育体系，建设学习型社会，促进青海经济社会发展提供“开大智慧”。

一、承担立德树人使命，完善师德师风建设长效机制

始终坚持立德树人根本任务，把师德师风作为评价教师队伍素质的第一标准，将社会主义核心价值观贯穿师德师风建设全过程，激励广大教师成为塑造学生品行、品格、品位的“大先生”。创新师德建设机制，激励引导全体教师争做“四有好老师”。先后出台《师德师风失范处理办法》《科研诚信制度与学术不端行为处理办法》等系列制度，从教师职业道德、教育教学、科研诚信等方面明确了师德失范行为，在职称评审、岗位聘任、推优评先、教师招录、人才引进工作中，落实政治标准和师德师风“一票否决”。建立并实行师德师风档案管理制度，形成师德师风档案。

构建师德师风建设长效机制，围绕师德师风建设内容，制定师德师风年度建设工作计划，组织开展师德师风教育月活动、师德师风主题实践活动，推动师德师风建设与年度党建、思政、宣传、业务工作同部署，同落实，同

推进，形成同频共振、协同发展的建设格局。

建立师德师风培训机制，每年组织开展师德师风专题培训，帮助广大教师全面理解和准确把握，真正把教书育人和自我修养结合起来；与时俱进，开展相应的师德师风讲座、论坛，组织全体教师集中学习《中华人民共和国教育法》《中华人民共和国教师法》《教师资格条例》等法律与规章制度，学习《新时代高校教师职业行为十项准则》，学习优秀师德典型、先进事迹；围绕主题内容，聚焦教师职业理想和职业道德教育等开展专题研讨；发掘“身边的好老师”，展示优秀教师、育人楷模等身边榜样事迹，落实师德师风教育常抓不懈的要求。此外，强化新入职教师师德教育，通过入职宣誓、导师认领、融岗培训等方式，确保每位新入职教师做到领悟精髓，把握要义，知准则、守底线，涵养高尚师德。

注重典型引领示范和环境营造，通过组织集中观看师德典范事迹，表彰优秀教师、教育工作者，开展师德典范宣传等方式，发挥师德榜样的引领示范作用。此外，每年通过举办教师节庆祝大会、老教师荣休仪式、新教师入职宣誓仪式、导师结对仪式等，营造良好的尊师重教氛围，提升教师职业荣誉感。

强化师德师风考核评价工作，出台《师德师风考核办法》，并在实践过程中不断强化考核创新，目前已经基本形成了集依法执教、爱岗敬业、严谨治学、廉洁从教、为人师表等评价指标为一体，以学生评价、教师互评、教师自评、满意度测评为主要考核方式的考核体系，并通过师德师风考核工作，选树师德标兵。

二、创新教师评价，打造积极奋进教师队伍

以考核激励为切入点，健全综合考评体系。健全工作考核制度，先后出台《教职工年度考核办法》《教师教学工作量考核办法》《科研工作量考核管理办法》，以教学任务、科研贡献率为基本要素，形成学校定性定量相结合的教师年度考核制度，为科学评价人才奠定制度基础。严格落实聘期考核制度，突出质量和贡献导向，将教育教学研究、专业建设、课程建设、思想政治教育等教育内容纳入聘期考核目标，将教师在教育教学内涵建设中的贡献

率作为教育评价的重要内容，引导和激励教师在履行教书育人主责中发挥主力军作用。

构建教学过程多维评价，强化教师教书育人效果。加强思政课教师队伍建设，先后成立思政课教师名师工作室、优秀思政课教师联盟，整合系统内优质教师资源，通过集体备课、联合教研、专题讲座、送教下乡等方式，不断加强思政课教师交流互动，系统、全面、深入学习党的创新理论，分享成功教学经验，研讨思政课教学前沿问题，充分发挥老教师“传帮带”作用，整体提升思政课教师教育教学水平。加强教学过程评价，通过对教学过程、教学效果、课程思政、教学研讨、教师成长计划等多方面成效评估，综合衡量教师教书育人效果，完善教学过程评价档案建设，形成教师教学过程多维评价体系。完善评教长效机制，采取线上线下听课评教、校领导和中层干部听课评教、专家专项督导评教、教师听课互评、学生课堂评教等多渠道评价，形成对教师教学内容、现代教学技术手段应用、教案准备、教学反思、教学资源运用等多维度教学评价体系。完善教学贡献评价机制，将教材编写、思政案例以及参与教学科研团队建设、精品课程（金课）资源建设和指导学生创新创业、社会实践、社团活动、竞赛展演等纳入教学工作评价标准中，激励教师发挥专业优势、智力优势，推动潜心育人、立德树人，不断提高人才培养质量。

推进教师职称评价制度改革，完善符合学校教师职业特点的评价机制。突出分类管理，保持学校教师现有专业技术岗位类型总体不变的基础上，对学校教师主系列岗位实行分类管理，结合成人高校办学特点，分设三类评价基本标准，使职称评价更加贴近岗位特点，更加契合成人教育工作特点，破除“一刀切”的弊端。突出育人标准，及时修订完善教师职称评审标准，把认真履行教育教学职责作为评价教师的基础条件，强化人才培养思政工作要求，将担任辅导员、班主任等学生工作经历作为青年教师职称晋升的必备条件，引导教师潜心教书育人。突出质量标准，积极推进科研评价改革与职称评审改革有效衔接，实行代表性成果和实际贡献作为职称评价的重要内容，将具有创新性和显示度的学术成果作为教师教研工作的重要依据，构建起代表性成果评价机制。突出多元评价，坚持以实绩、质量为导向，建立教学部门职称评审工作小组初审、学术委员会复审、学科组评议和校职称评审委员会评定的评价机制，通过教学水平评价、代表性答辩、专家评议等多元多维评价破“五唯”，创造性地建立等效评价，引导教师结合自身特长在教书育人、科学研究、服务社会等方面多元发展、尽展其能，充分激发教师的创新活力。

经过多年的积累和探索，截至 2023 年，学校累计获批各类课题 200 多项，其中国家级社科基金项目 5 项，省级社科基金和智库项目等 35 项，省科技厅、省教育厅等厅局级项目 30 余项，校级课题项目 140 余项，在国内外各种刊物上发表学术论文 350 余篇，其中发表 SCI、SSCI、CSSCI、EI、ISTP 收录论文及以上水平论文 30 余篇，为强化学校科学研究、推动教育教学改革，提高教育教学质量打下了坚实的基础。

三、强化人才引育，优化师资队伍体系结构

合理、健康师资体系，可以让教师能够形成比较稳定且富有创新力、竞争力的教师团队，充分发挥梯度优势。学校在人才引育过程中，通过多层次、全方位的引育措施，实现学校师资队伍的不断优化完善，形成开放教育强有力的“师资凹地”。

强化高学历、高职称教师引育，形成稳定、优化、结构合理的教师队伍结构。先后培养和柔性引进使用博士 6 名，招录 11 名紧缺急需专业教师，硕士学位教师占比达到 75%；进一步优化教师年龄结构，学校教师队伍中 40 岁以下教师占比提升到 45%以上；进一步完善师生比配备，根据省教育厅、国家开放大学的师生比配备要求，优化配备学校思政理论课教师、班主任（辅导员）。

多措并举，实施教师培养项目。经过多年实践，学校形成了比较完备的教师培养体系，如新入职教师融岗计划、中青年教师能力提升计划，骨干教师、教学名师、学科带头人等人才项目计划，通过人才项目计划提升中青年教师能力，发挥学科带头人、高层次人才的引领作用，为学校各类事业发展输送力量。此外，通过积极对接青海省各类各级人才项目计划，国家开放大学人才项目，提升学校教师的整体能力。近年来，为新入职教师配备了 13

名导师，培养了骨干教师、学科带头人 4 批 28 人，先后有 18 人次入选省级优秀专家、优秀专技人才、骨干教师、教书育人楷模、昆仑英才教学名师等，逐渐形成了“人人是骨干，事事能带头”的发展格局。

发挥合力作用，打造创新型团队。以“三基地、两中心”为建设核心，推进学校教学科研团队和专业团队建设。逐步强化学校形成有竞争力的教学科研团队，尤其是发挥他们在资源建设、专业建设方面的作用，进一步做优做强精品课程、网上资源，形成在资源建设上的引领作用，进一步创新教学科研思维，使其成为教学思考和科学研究的主阵地；拓展专业团队建设，以学校教育办学为导向，专业建设为突破点，探索建设特色专业建设团队；推动老年（社区）教育、社会培训、资源建设等团队建设，以核心专业团队建设带动，教学团队实现学科全覆盖。

强化师资聚集，构建学校高层次师资库。以省内高校之间的合作为平台，以国家开放大学网络教学团队建设、师资队伍建设为依托，不断整合电大系统、省高校、省社科研究机构的高层次师资资源，建设学校师资库，发挥师资库对学校学术研究、专业建设等方面的指导作用，同时加强校内师资建设，提升教师在远程教育、网络平台建设等领域的影响力，逐步实现学校师资库“送出去、迎进来、拿得出、用得上”的资源整合策略目标。经过师资库的打造和完善，学校先后推荐入选省级专家智库 20 多人，相继与 20 多所省内外高校和机关企事业单位建立人才共享机制，柔性引进客座教授 242 人；5 名专家建言献策报告获省级领导批示。

面向未来，青海开放大学将以教师评价改革为契合点，以落实立德树人为根本任务，秉承“创新协调、多元优质、绿色灵活、开放共享”的办学理念，立足青藏高原，放眼三江，开放发展，使学校成为青海省终身教育的重要支柱、社会教育的重要平台、学习型社会建设的重要渠道。

5 张家口开放大学：打造专业师资 创新培养模式 助力乡村人才振兴

党的二十大以来，随着乡村振兴战略的不断推进，党和国家对基层干部提出了更高的新要求，农村“两委”干部队伍素质能力亟待提升。2023年中央一号文件中提到“全面培训提高乡镇、村班子领导乡村振兴能力”，旨在要求作为农村各项事业“领头羊”“排头雁”的基层干部，要充分发挥其致富带富能力，为乡村振兴提供组织保证。然而从当前的实际情况来看，部分农村基层“两委”干部存在意识上不敢担当、行为上不愿作为、能力上不够支撑等问题，而这些问题已经影响到乡村振兴的高质量发展。因此，加强农村基层“两委”队伍培训和提升是一项带有紧迫性、全局性、长期性的战略任务。

针对这一矛盾，张家口开放大学充分发挥系统办学优势，积极组建乡村振兴方向专业的师资队伍，利用一站式网络教学平台，结合本地区环境条件、资源、经济与社会特点，合理布局线上线下教学资源，建立线上线下融合、校园田间结合的干部培养新模式，构建了“两委”干部学历教育与非学历教育的联动机制，保障其多样化的学习需求，真正解决基层“两委”干部“是什么”“为什么”“怎么办”的问题，填补基层“两委”干部政治觉悟与能力技能等方面的缺陷与盲点，激活乡村振兴人才的内生动力，加快乡村振兴战略的实施，促进农业农村现代化。

一、现实做法

（一）抓思想，提升组织能力

坚持把人才振兴推动乡村振兴作为全市基层党建工作的重点来落实，张家口市委将农村“两委”干部学历提升培训工作纳入年度基层干部“万人示范培训”，纳入各级党委书记基层党建工作述职评议考核内容，列为各级开放大学一把手工程。学校党委督责部署、校党委书记一线指挥，全面提高政治站位，凝聚思想共识，从全市开大系统内培养高水平教师，组建专业化的人才队伍，并积极与其他高校、科研院所合作，扩充师资库，打造一支数量富足、结构优化、质量过硬的师资队伍。另外，学校把年度招生计划、各类培训任务责任落实到科室、压力传导到县校，配合市委组织部编制下发《关于举办农村“两委”干部学历提升培训班的通知》，招生期间下发《关于加快推进农村“两委”干部学历教育提升的通知》跟进督导，3 期培训学员累计完成报名 1 215 人。

（二）抓规范，增强服务能力

依托办学特色，充分发挥乡村振兴师资队伍的优势，利用官网网址、链接学校微信公众号二维码等，开展政策咨询、注册登记等工作。通过教师的深入讲解，让村“两委”干部充分了解高等学历继续教育的真实情况，增进对开放教育的全面了解。在省委组织部统一调训下，与市委组织部、各县区委组织部、县开放大学三级联动，在“招生计划、报名推荐、资格审查、录取注册”环节上动态跟踪、实时对接，全程无缝推进招生、教学等各项工作。专科层次设置党务工作、行政管理工作（村镇管理方向）、农村经济管理、工商企业管理（乡镇企业管理方向）4 个专业，本科层次设置行政管理 1 个专业，各专业设置 7～9 个教学模块，切实落实“立德树人”贯穿始终。实行学分制和弹性学制，最短学习年限 2.5 年，学籍有效期 8 年。县乡两级审查合格后，采取网络注册报名，通过“网络自学＋实践教学＋专题培训”的方式，分阶段开展线上线下网络自学与实践教学，并确保每学期分级分类最少组织 1 次专题培训课程。

（三）抓队伍，落实教学过程

加强顶层设计，从教育主体、师资等方面整合优质资源。深化与地方组织部门、农业部门、科研院所、高职大学合作，建立地方性乡村振兴特色智库及优质人才助力教学资源，整合教学资源，将开放大学、重点高校专家教授，领导干部和企业家、农业产业带头人以及“田秀”“土专家”整合到教育培训资源库中。通过加强部门间协作，整合各方面资源，最终形成合力，共同推动乡村创新创业发展。充分发挥学校远程教育优势，合理布局线上线下教学资源，建立线上线下融合、校园田间结合的干部培养新模式，构建农村“两委”干部学历教育与非学历教育的联动机制。发挥开放大学市县教学点系统办学优势，搭建乡村振兴人才培养学习平台，通过“直播课堂＋培训”线上、线下教学模式开展本、专科学历提升教育；以农业科技创新与示范推广、农业社会化服务等为主体内容，以开放大学市县教学点和河北远程教育网站点开展线下、线上非学历教育培训。

二、取得成果

2021—2023年，学校扎实落实乡村人才培养计划，积极开展学历、非学历教育，建立起一支涵盖乡村振兴领域多方向、专业化的师资队伍，优化了全省农村“两委”干部队伍学知识历结构，切实提高了农村“两委”干部促进产业发展、推进乡村建设和改进乡村治理的能力和水平。

3年间，张家口开放大学举办“农村‘两委’干部学历教育提升班”3期，先后设置本专科2个层次，开设5个专业，累计招收市属农村“两委”干部1 174人，提升大学专科学历1 165人，本科学历9人，学员年龄分布于35～55岁，招生范围覆盖市属18个县区。年均超计划完成2.2个百分点。落实乡村人才培养计划，开展乡村振兴人才非学历培训3 000余人次，积极联系市农科院、农广校、乡村振兴局、农业农村局各类型技术专家20余人次，通过农学结合、送教下乡、半农半读等形式，累计送教30余场次。

学历教育与非学历教育工作双推进以来，培养了一批“信念坚、政治强、作风硬、懂农业、爱农村、爱农民”“领头羊”“排头雁”式的典型乡村振兴人才，涌现出一批先进人物。如2021级行政管理（乡村管理方向）学生苗玉龙，作为阳原县北辛庄村书记，带领村民大力发展现代化设施农业，荣获河北省农村党员干部培训优秀学员、阳原县“相约冬奥扛红旗当先锋”优秀个人。2019级行政管理（乡村管理方向）专业学生刘志军，作为赤城县大海陀乡马家堡村书记，带领村民发展大棚蔬菜种植产业，村民实现增收致富。学校驻村工作帮扶——赤城县镇宁堡乡水泉村书记李殿军，在驻村工作队及学校农业专家协助下，带领村民实现了青软谷和红芸豆的丰产增收，2022年实现村集体经济年收入同比增长10%以上，农村居民人均可支配收入稳定在1.2万元以上。

2021年3月，学校获评国家开放大学“教育部‘一村一名大学生计划’”招生先进单位。2023年4月，河北开放大学授予张家口开放大学2022年度乡村振兴工作先进集体。2022年10月，河北开放大学授予学校郑博老师负责的“农村政策法规”课程教学实施团队优秀教学团队。

三、经验总结

（一）加强组织领导，完善体制机制

实施乡村振兴战略，是党的十九大、二十大作出的重大决策部署，省市县三级党委组织部门、开放教育体系建立健全党委领导、科室负责、组织协调、基层参与的现代乡村振兴教育体制。学校先后召开“两委”学历提升培训工作会、推进会、交流会，分析工作面临的形势和问题，探讨符合市情的解决办法；交流先进经验，指出招生工作中的不足；对招生、教学工作取得较好成效的县校和职责处室，及时给予肯定表扬，对工作落实不到位的单位进行现场督促指导。抓深抓实，分析研判政策要求，针对不同教育能级，从政策研究部署到学员登记注册，有针对性地面向农村“两委”干部开展点对点教育服务。经过3年的探索发展，初步组建了专业化强的乡村振兴师资队伍，并形成了统筹规划、分类培训、上下联动、分级实施的乡村振兴干部教育培训机制。

（二）优化开教平台，创新运行机制

张家口开放大学充分发挥自身系统办学优势，依托办学经验，通过科学的数据分析和一手的实地调研，利用一站式网络教学平台布局优质教学资源，开创了线上线下相融合、校园田间相结合人才培养新模式，建立了多领域、多地域、多部门联合的优秀师资队伍，构建起“两委”干部学历教育与非学历教育的联动机制。在积极破解内在工学矛盾难题的同时，保障了基层“两委”干部培育多样化、现实化的学习需求，在确保高质量提高“两委”学历层次前提下，培养了一批“用得上、干得好”，对乡村振兴有示范带动

意义的致富领头人，激活了乡村振兴人才的内生动力，加快乡村振兴战略的实施，促进农业农村现代化。

四、未来方向

张家口开放大学将紧紧围绕省委、市委“乡村人才培训计划”总要求总部署，坚持“推动教育改革、促进人才培养”工作思路，进一步打造乡村振兴领域的综合性师资队伍，着力打造乡村振兴示范基地、“田间大学”，促进人才返乡创新创业，培养“留得住、用得上、干得好”的农村实用人才和致富带头人。力争为全市输送更多的乡村振兴复合型人才，为地方乡村振兴作出自身的贡献。

一是优化体系，确保乡村振兴人才聚拢系统化。进一步坚持河北省委组织部统一组织调训，市、县组织部门再分配、学员推荐和资格审查，省、市、县三级开放教育体系具体操作实施前置学历审验和日常教学管理工作。建立健全省、市、县三级联动机制，各司其职、齐抓共管、务求实效。

二是拓宽渠道，实现乡村振兴人才培养多样化。加强走访调研，全面了解乡村振兴基层人才队伍建设短板，弄清培训工作发力点，在专业设置、培训内容、课程分布等方面再下功夫，申请增加本科层次学历设置量，突出开放教育多元办学、多种教育类型协调发展优势，实现村“两委”学历提升培训、助农惠农培训、乡村人才培训全覆盖。

三是融合资源，保障乡村振兴人才思行合一。一方面是加强思政教育。在师资建设中进一步强化思政元素，将思政教育融入每门课程之中，多方面提升农村“两委”干部的党性觉悟。另一方面是拓宽技能培育渠道。从院校科研机构聘请知名专家、学者举办讲座，并将课堂和田地有机结合起来，组织学员到农业龙头企业、农业产业化实践基地以及先进发达乡村进行现场观摩和实践，增强教学的直观性和实效性。

6 北京市朝阳社区学院：创新管理引领队伍　构建服务全民终身学习的、高质量的开放教育新局面

构建服务全民终身学习的高质量的开放教育新局面，加强教师队伍建设是关键。学院按照北京市朝阳区教育人才“内涵发展、人才强教、优化资源、开拓创新”的基本方针要求，把教师队伍建设作为实现区域新型高校职能、实现立德树人根本任务目标的核心工作来抓。通过科学规划，全面统筹，构建队伍建设的党建引领机制，不断加大力度，创新模式，全面开展教师培训，进一步规范管理，加大投入，实施自主驱动、创新管理的二位一体的科研管理模式。近年来，学校教师队伍不断成长，促进了服务区域全民终身学习的能力，在全市开放教育领域的影响力显著增强，形成了以“立足社区、服务朝阳”的办学宗旨，正朝着“建设北京市一流的服务型、实践型、普惠型的新时代学习中心”的愿景努力奋进。

一、科学规划，全面统筹，构建教师队伍建设党建引领机制

为建设一支师德高尚、结构合理、素质良好、适应学院发展要求的教师队伍，科学规划、整体部署，进一步明晰定位，确立和强化了党建引领的机制建设思路。

一是学校高度重视开放教育的办学定位，在“十四五”发展规划的指导思想中，明确提出要“坚持党对教育工作的全面领导，全面贯彻党的教育方针，深入贯彻习近平总书记关于为党育人、为国育才的总体要求，坚持马克思主义指导地位，坚持社会主义办学方向，坚持依法办学，坚持立德树人”。

二是在发展目标中清晰地提出“党建品牌建设成效更加显著”的目标。

要形成“以党建引领各项工作发展”总体局面，深入推进“135 聚力汇能”党建品牌建设落地，并结合打造各支部党建品牌，加强课程思政建设，形成学校特色，带动学校教育教学工作取得显著成果。

三是各项工作中强化党的领导作用，依法依规落实立德树人办学体系，严格遵守各项办学规定。在办学过程中凡涉及学校招生、办学、思政课程改革、教师队伍建设等重大事项，均提交党委会与校务会研究讨论、科学谋划决策。

二、加大力度，创新模式，全方位开展全员教师培训

学校党委始终坚持“教师队伍发展是学校可持续发展的核心竞争力”的理念，统筹规划，整体推进，紧密结合教育改革发展实际和教师队伍现状，将教师继续教育培训与学校提升、个人发展、事业进步紧密结合，实现办学宗旨、管理机制、课程设置、培训模式的新突破，逐步构建了规模大、层面广、效果好的培训工作格局。

一是培训体系完善。具备学校、区内、区外、线上线下以及国开、北开不同层面的培训体系，包括教学、学籍、考务、形成性考核、招生等各板块组织的业务培训。除业务培训外，还包括各类能力提升培训，为教师提供了培训机会，取得了较好的培训效果。

二是力度空前，内容深入。面对实际需求和队伍建设中亟待解决的问题，不断加大培训的针对性，为全体教职工开展师德、意识形态、政治理论与教育政策、心理健康、法律法规方面的培训，每年通过各种形式开展的自主培训数十次。经过努力，教师队伍的认识层次与结构明显优化、整体素质较大提高，逐步形成了具有特色的教师培训新模式。

三、规范管理，重视专业建设、师资聘请，实践教学投入等不断提高

注重教学组织与运行的过程性管理，持续规范教学管理，制定修订涵盖课程教学、教师聘任、质量管理等方面的教学制度文件。在课程教学方面，制定了《教学任务安排管理办法》《课堂教学基本要求》《教学事故认定及处

理办法》等制度；在教师聘任方面，修订了《学历教育外聘教师管理办法》《专业责任教师管理制度》等制度；在质量管理方面，制定了《加强教学质量监控工作的意见》等相关制度。

按照市区教委教学工作要求，合理投入资金，进一步加强思想政治理论课教研活动、教育培训的投入；同时注重加强活动场所建设，整合资源，建立了党员活动室、改建专业教室、多媒体教室、学术报告厅，提高现有学生活动场馆的利用率。在此基础上，创造条件为学生社团活动等提供场地和服务，确保学生思想政治教育工作的顺利进行。

学校重视专业建设，设有实践教学基地、虚拟仿真实训软件和线下实践环境；专业及课程实践教学开展记录完整；实践教学环境和条件能满足专业课程实践教学需要。其中与朝花幼教集团签订实践教学基地后，不仅拓展了学生实习实训基地，而且加大了开大教育宣传，扩大了招生。

学校拥有和平里、和平西街、双龙南里三个教学区。拥有多媒体教室 78 间（座位 2 500 个，其中远程双向交互教室 4 间）、专业录播教室 1 间、计算机教室 6 间（266 个机位）以及舞蹈室、琴房、美术教室、书法教室、电钢琴教室、体育馆等现代化教学设备设施；学校接入万兆城域网——朝阳教育信息网、北京开放大学城域网等多个网络，校园网接入互联网总带宽达到千兆以上，校内千兆主干网络，百兆到桌面，拥有网络信息点数 1 027 个，无线 AP 点位 231 个，校园网无线覆盖率 100%。拥有服务器 17 台，存储容量 32TB 以上，满足办学需求。

四、创新引领，科研助力，构建“自主驱动、创新引领”二位一体的科研管理模式

院校科研水平的高低很大程度上取决于学校科研管理模式的成效。从教师科研面临的主观因素和科研外部环境因素等难点入手，强调教师树立终身学习理念，以“以研究促成长，以研究促发展”为宗旨，构建“自主驱动、创新引领”二位一体的科研管理模式。

教师积极参与科研，自主驱动是内因，专业引领是外力。学院构建“自主驱动、创新引领”二位一体的科研管理模式，将外部助力与自主发展有机

结合起来，二者相辅相成，共同促进教师科研能力和专业能力的发展。

为提升学院区域终身学习服务体系建设能力，推动构建和完善服务区域终身学习教育体系，探索终身教育推进机制，以科研助力教师成长，以科研助力学院发展，充分发挥科研的引领作用，促进学习型社会建设，学院与北京教科院终身学习与可持续发展研究所合作共建“北京终身学习研究基地”。通过“基地”建设，拓宽教师发展渠道，促进广大教师树立终身学习意识，不断创造新知识、新理念、新方法，教师本身成为终身学习理念的身体力行者，同时又培养学习者终身学习的能力。在终身学习理念的推动下，教师主动反思和总结教学过程，研究教学方法，积极承担课题研究，发挥自主科研的积极性和能动性。

建立科学、规范、高效的科研管理体制和运行机制，建立了一套比较完善的科研管理制度和工作流程。对于课题，从申请、审批、立项、中期检查、结题验收、成果推广等环节进行全过程管理；对于校级论文评选，从收集、评选、奖励各个环节进行规范管理；对于科研成果，从经费支持、成果认定、奖励等方面完善机制，促进科研工作规范、有效开展。

加强制度建设的同时，突出以人为本的制度建设内涵，注重管理对象的个性化发展，关注管理对象的内心感受和情感需求，营造良好的科研氛围和环境，真正促进学院科研管理水平的提高，促进教师对科研管理的参与意识，唤醒教师自主科研的活力。为增强教师的竞争意识和创新意识，激励教师多出优秀成果，促进学院科研水平和学术水平的整体提高，助力学院发展，学院制定了科研成果奖励办法。对科研成果的认定和奖励坚持公开、公平、公正的原则，突出应用性、实践性、创新性。

针对教职工的实际科研需求，通过课题指导、科研沙龙、专题讲座等途径，研训结合，提高科研专业能力。以课题研究为依托，采用专题报告与交流研讨、理论学习与案例分析等形式，提升科研沙龙的影响力。根据个性化问题开展有针对性的指导与服务，提升沙龙的指导性和实用性，营造科研氛围，提高教职工科研主动性和自我发展意识，推进实际工作与科研相结合，提升教职工专业水平和研究能力。

积极搭建平台，促进科研成果转化，加强学院与市教科院、区教科所、有关协会、研究会等学术团体以及兄弟院校的沟通交流，加强与上级单位的联系，采取走出去、请进来的方式，借助外力支持，开阔视野，为教职工搭建学术交流平台，激励教职工多出成果，出好成果，争取多出创新性成果，提升研究成果的学术价值和应用价值，进一步提升学院整体科研水平，扩大成果对学院的转型发展以及区域发展的影响力，从而提高学院核心竞争力和区域影响力。

学院加大对科学研究的投入力度，对各级各类科研活动、重要学术会议的举办和参与、教师学术研究能力提升培训等各个方面加大经费投入，并制定切实有效的管理措施，实现科研经费使用合理化、科学化、合法化和效益最大化。

学院探索“自主驱动、创新引领”二位一体的科研管理模式，更关注教师在科研上认识的提高、内心成长的需要，通过科学合理的科研管理制度体系，发挥科研工作对学校建设与教师发展的促进作用，实现学院科研管理水平和科研整体实力的新跨越。

面对新形势和新挑战，学校将从朝阳区的功能定位和区域发展目标出发，发挥和调动各方面的资源和工作积极性，建立健全队伍建设工作长效机制，完善工作格局，构建服务全民终身学习的、高质量的开放教育新局面，创造更多终身教育发展的新优势，服务全社会。

7 北京市石景山社区学院：坚持价值引领，注重专业成长

党的二十大报告强调，要“实施科教兴国战略，强化现代化建设人才支撑”，并指出，“教育、科技、人才是全面建设社会主义现代化国家的基础性、战略性支撑。”学校坚持质量立校，注重人才强校，通过价值引领、质量建设、团队建设和稳定外聘教师队伍等，形成了具有成人教育特色的教师队伍建设实践经验。

一、注重师德师风，以价值引领队伍发展

学校非常重视师德师风建设工作，始终把普遍号召与骨干先行、理论宣传与人格示范结合起来，使一般的教育引导转化为党员干部身体力行的自觉行动。学校制定了《师德考核方案》，将师德考核纳入学期、学年度考核工作，每年度开展师德标兵评选和四有好教师评选，将评选结果进行宣传表彰。

学校制定《思想政治教育和意识形态工作实施方案》，组建思政课教学团队，学校党总支书记、校长、主管教学副校长等都加入思政课教学团队，积极承担思政教学任务，参与思政团队教学研讨，不断丰富思政课教学形式，完善质量监控。每周二下午系部会，由主管校长组织全体教师开展研讨、培训，提高教学及育人效果。

二、坚持多措并举，以职称评定提升教师发展

学校在加大人才引育力度，确保专任教师规模稳中有升的基础上，不断创造条件提升教师职称水平。2022 年，学校结合市区相关政策和学校工作实

际，进一步细化职称类别，完善专业技术职务聘任细则和职称代表作清单制度，优化职称评价标准。完善教师职后培养体系，健全“市—区—校”有机整合的三级培训体系，着力加大校本研修管理及校本培训支持力度，推动研训体系重心下沉到学校和课堂层面，提升人才服务体系。发挥学校学科专业资源优势，面向地方经济发展需要，抓住“三区”建设重大机遇，进一步管理好、运营好、服务好石景山区新时代文明实践中心工作，开发具有市场适用性和竞争力的培训项目，建设和推广学院品牌文化，筑巢引凤，使学院成为区域终身教育服务高地。学校有专职教师 25 人，其中教授 1 人，副教授 14 人，讲师 10 人，高级职称占 60%。职称晋升比例在同类院校高位领先。

三、注重教学管理，以质量助推教师专业成长

学校严格执行国开总部和市校的质量标准，结合学校实际，通过制度建设，加强全过程管理，形成具有石景山分校特色的教学质量监控体系。

（一）制定了规范的质量保证制度

学校坚持立德树人，强化质量监控，以内涵建设提升办学水平。通过教学常规检查、深入课堂听课、总结分析反馈等环节，构建“全参与”“全过程”“全覆盖”教学质量反馈、监控体系，实现对教学质量的全程动态管理。每学年的《北京开放大学石景山分校学期教学检查实施方案》作为学校教务处一号文进行布置。2022 年，学校还加强了对思政课、外聘教师等有针对性的监督检查。确保思政课，外聘教师课专人监督检查，专项反馈。

（二）打造稳定的质量管理团队

质量管理工作由学期常规教学检查小组承担并落实，校长担任组长，校领导、中层干部、专职教师、专业责任教师、教学管理人员、班主任、一级职员等共同组成专兼职质量管理团队。在教学质量管理工作开展过程中，各部门职责明确，保障该项工作有实效、见成果。

（三）形成了全方位的质量把控机制

学校将日常常规教学检查和集中教学检查相结合，坚持教学检查制度化、常态化，加大教学过程中的监管力度、狠抓落实。学期初，教务处检查教师课程实施方案及一体化设计。学期中，抽查课程实际教学进度和课程考

核的实施情况，同时，教务处准确记录教师、学生出勤情况，教学值班人员巡视检查课堂教学秩序，发现问题及时处理。专兼职质量管理团队参与教师课堂听课教学检查，全部课程量化评分；教学检查通过座谈会和问卷调查等形式全面征求学生意见和建议，及时反馈系部和任课教师，整改提高。学期末，教务处组织相关人员对任课教师的教学情况进行综合评价，涵盖教育教学全过程，系部完成教师的互评工作，主管校长结合实际对教务处进行教学计划执行、常规教学工作及本学期教学检查组织实施情况进行检查。

四、聚焦改革重点，以团队助力教师发展

近年来，学校围绕教学改革与线上教学需求、成人学生职业转换能力的培养目标、建党一百周年、加强思政教育等，先后成立混合式研究中心、职业核心素养中心、思政教学团队等有针对性的特色教学研究团队，聚焦问题进行实践研究。学校通过完善制度，设立机构，提供经费支持等，为教学团队活动提供运行保障。表 1 为部分特色教学研究团队情况。

表 1 部分特色教学研究团队

团队名称	建立时间	团队人数	工作主要内容或目标	建设成效
教学研究指导中心	2017 年 3 月	8	聚焦专业课、核心素养课和混合式教学方式开展教学研究	形成了教学改革成果集
全市一堂课	2020 年 9 月	6	全市一堂课教学	先后有 6 位教师参与全市一堂课的教学
思政教学	2021 年 5 月	6	思政课程、课程思政研究	初步形成了思政教学的常效研讨机制、在学历与非学历中开展教学
国开学位英语	2021 年 7 月	5	国开学位英语考试规律及培训课程研发，建立了国开学位英语考试资料库	建立了比较完备的学位英语线上课程
创新创业教育高水平教学	2021 年	6	提高学生的创新能力和实践能力，推进学校管理类专业进行创新创业教学改革	形成更加灵活有效的创新创业教学方式和一系列创新创业教育培训成果

续表

团队名称	建立时间	团队人数	工作主要内容或目标	建设成效
老年艺术教学	2021 年	10	针对老年人的课程开发和实践教学研究	形成了表演艺术、美术 2 个学历教育专业，185 门非学历艺术类教育课程，每年在老年大学总校学习艺术类课程的老年学员 1 200 人
法律工作室	2021	5	面向全区各类组织及公众提供专业的法律咨询服务、法律宣传、法律知识讲座和法律培训	为学生、社区居民开展法律咨询服务近百人次，开展专题讲座 16 次，公众号推发 36 次

五、加强管理服务，稳定兼职教师队伍

学校在加强专职教师管理的同时，坚持做好对外聘教师的管理服务，确保外聘教师招得来、用得上、用得好，学生满意度高。学校每学期聘请外聘教师 30 人，外聘教师队伍基本上与校内专职教师同等规模，弥补了学校部分专业、部分课程教师紧缺的情况。

1. 优先聘请长期在开放大学系统从事教育教学、有丰富教学经验的教师，每学期聘请的国开及市校专业责任教师和分校的高级教师 10 人左右，提升了外聘教师的整体素质。

2. 学期初与外聘教师签署聘用协议，明确工作任务，工作要求，基本待遇，做到有章可循。

3. 每学期初召开外聘教师专题工作布置会，将学校教育教学重点和要求与外聘教师同部署、同要求，并征求针外聘教师意见建议，做到从情感上关心、制度上要求、工作上共情，专题会还将学校“实学实用，相知相伴”的办学理念，以及“责任、温暖、光华”的价值观与外聘教师分享，学校严谨的办学风格、对学生负责的态度成为稳定外聘教师队伍的重要原因。

4. 学期中对外聘教师进行听课检查，定期反馈，确保外聘教师的教学符合学校总体要求，通过检查督查和交流，确保外聘教师的学生满意率能稳定

在较高水平。

5. 班主任全程跟班听课，发现问题及时处理，成为教师与学生的桥梁和纽带。

6. 学校建立外聘教师工作群，设有外聘教师课前休息室，不断营造良好的工作场景和氛围。

“十四五”以来，学校教师发挥自身优势，注重专业成长，自身成长与学校发展同向同行。会计、艺术教育专业被评为“北京高校继续教育特色专业”；创新创业教学团队和老年艺术教学团队被评为“北京高校继续教育高水平教学团队”；3 名教师获评北京市高等学校青年教学名师奖；1 名教师凭借《积木组合新教法，成人学习脚手架》获北京市高等教育教学成果一等奖；15 位教师参加 18 项市级以上比赛，33 人次获奖。

党的二十大报告指出：“党用伟大奋斗创造了百年伟业，也一定能用新的伟大奋斗创造新的伟业。”学院以党的二十大精神为指引，紧紧抓住新的发展机遇，踔厉奋发，开拓创新，坚持立德树人根本任务，注重育人质量，加强教师队伍建设，提高人才培养质量，为后冬奥时代石景山区发展大计、为第二个百年奋斗目标凝聚智慧、贡献力量。

8 北京市大兴区社区学院：匠心守初心，笃行以致远

百年大计，教育为本；教育大计，教师为本。建设一支具有良好业务素质、高尚师德、结构合理、充满活力的教师队伍，是教育改革、发展的根本大计。

大兴区社区学院注重内涵建设，基于学院发展要求和教师队伍现状，确立以“聚焦科研成果，夯实教研实效”为抓手，健全教育、宣传、监督、奖惩、考核“五位一体”的教师建设体系，扎实推进教师研修三项工程，着力打造一支师德高尚、业务精湛、甘于奉献的教职工队伍，使学院完成从规范化到内涵式的转型发展。

一、精准定位明方向，凝心聚力齐奋发

2018 年，大兴区社区学院审时度势，充分调研，科学论证，精准定位，确立了“服务学习型城市建设，办百姓身边满意大学”的教育宗旨；明确了“学历教育为基业，社区教育为主业”的发展方向；以“阳光使者工程”“强基固本工程”“转型提升工程”三项工程为抓手，狠抓队伍建设，筑牢教育根基。同时，学院还明确了“人才培养方向、教研科研引领、社区教育服务、文化传承与创新”四大功能的全新定位。随着学历教育开展的不断深入，明确学院发展方向，形成学历教育与社区教育并重发展的新理念。

二、潜心建设强师德，筑牢思想稳根基

师德师风建设是学院的立院之本，是教师队伍建设、学院高质量发展的重要内容和必然需求。习近平总书记强调：“老师应该有言为士则、行为世

范的自觉，不断提高自身道德修养，以模范行为影响和带动学生，做学生为学、为事、为人的大先生，成为被社会尊重的楷模，成为世人效法的榜样。”这充分体现了师德师风建设是教师队伍建设工作的重点，是着眼教师职业特质、学生成长规律和社会公众对师德提出的高标准严要求，体现了新时代赋予师德的新的内涵。“学高为师，德高为范”，身教重于言教，教师只有具备了高尚的师德，才能更好地教育和影响学生。师德师风建设是学院的立院之本，是教师专业发展的重要内容。

（一）立师德，建立师德建设长效机制

为推动学院教师队伍师德师风建设，把牢教师队伍建设的政治方向，学院制定了《社区学院师德建设的实施方案》。全院教师开展师德承诺宣誓活动，签订《关于进一步加强安全保卫工作暨教职工师德建设承诺书》，深入落实“德育为先”的教育思想，组织教师结合自己的工作实践，每学期常态化开展师德专题讲座、师德主题摄影活动、师德征文、师德教研等活动。扎实推进“阳光使者工程”，引导学院教师用心感受教学工作中的不平凡，挖掘教师工作生活中的闪光点，弘扬高尚师德。

（二）亮品牌，形成党建引领工作模式

学院坚持党建引领，推动党建与业务的深度融合，充分发挥学院党员教师先锋模范作用，引导学院教师以立德树人为根本任务，全面落实课程思政，不断提升学院教育教学质量和水平。为进一步扎实落实师德师风建设，组织全体教师开展“学习准则践行规范，开展师德警示教育”主题培训，深入学习《新时代高校教师职业行为十项准则》《新时代师德规范》《违反教师职业行为十项准则典型案例》等内容；结合建党100周年，学院举办以“课程思政”为主题的教师基本功展示活动，强化教师将思政内容融入课堂教学中，发挥各学科的育人实效；以“庆百年展风采”为主题，组织教职工开展“红歌颂党恩，爱心献成教”演出等活动。通过每学期开展师德师风建设工作，引导广大教师坚定理想信念、厚植爱国情怀、涵养高尚师德，牢记为党育人、为国育才的初心使命。

（三）塑师表，强化师德考核与榜样选树

建立师德管理制度，严控师德考核，把师德考核作为教师年度考核的核心内容，在年度考核、职称评定、职务晋升、评先评优中，实行“师德师风一票否决制”；以大兴区教委开展的“四有好教师标兵”“教育管理工作突出贡献奖”“教育新星奖”“十佳青年教师”等选树活动为契机，开展年度师德评选，宣传事迹，弘扬精神，为学院教师树立学习榜样。

三、改革创新谋发展，“三项工程”促提升

为全面深化落实《关于全面深化新时代教师队伍建设改革的意见》，学院坚持以党建工作新气象、教学改革新作为、转型提升新进展为目标，统筹发展学历教育和非学历教育，结合学院专业建设的优势和特色、师资队伍的结构组成等，全面推进“三项工程”——“阳光使者工程”“强基固本工程”“转型提升工程”。通过开展系列主题活动，提升教师综合能力素养，促进学院内涵建设，推动学院教育转型和可持续发展。

“阳光使者工程”——以师德塑造和班主任分层研修为主要内容。面向任课教师和班主任，通过师德师风建设和班主任分层研修两种途径，增强教师的职业道德感、自豪感和使命感。通过“强师德、铸师魂、正师风”主题讲座、观影、征文、师德榜样宣讲、教研活动、评选活动等，让身边的师德师风真人真事感染每一个人，树立师德标兵，发挥辐射带动作用；通过“青蓝工程”，开展导学教师师徒结对 22 个、主辅讲教师搭档 28 组以及分层次培训及专家指导等工作，努力打造一支师德高尚、业务精湛的阳光使者教师和班主任队伍。在全院教职工中不断强化理想信念教育，引导广大教职工争做“四有教师”，更好地为成人继续教育事业和区域经济发展服务。

“强基固本工程”——分层分岗夯实教学基本功。学院以“强师能，炼师功，提水平”为目标，为各级教师搭建平台，分层分岗夯实教学基本功和管理能力，增强教师的服务能力和竞争意识，引领教师队伍扎实成长。通过举办教学节、公开课、优秀教师展示与经验分享等活动，发挥教研组长、骨干教师的引领作用，在研修磨课中互为伙伴，构建教师“学习研究共同体”模式；通过针对辅导教师、班主任及管理教师等不同岗位，开展专题讲座、专项培训、教学基本功大赛、教师礼仪展示等活动，强化基本功，提升各岗位教师教学素养、管理能力，唤醒每位教师的创新意识，从而引领“重视教

学、崇尚创新”的全新导向。

“转型提升工程”——构建良好培训生态，拓宽学院发展内涵。为了适应外部环境变化，促进学院健康稳步发展，学院加强内涵建设，以“强内涵，树形象，促提升”为主题，开展非学历教育课程设计比赛、微课程比赛、职业培训师课程班等各项活动，增强教师面向社区的服务能力，切实从师资队伍品牌、名师、专业带头人及学习共同体的打造到师资力量储备，全面深化双师型教师队伍的转型提升，推动学历教育与非学历教育齐头并进。学院通过开展“转型提升工程”建立了一支独具特色的讲师团队，开展“送教下乡”工作，为新型职业农民培育开发特色课程 26 门、赠送书籍万余册，开展安全知识讲座 100 多期，农民素质提升培训 30 多期；开展“社区大讲堂”工作，打造社区教育品牌课程，推出法律类、艺术类、家教类、国学类、安全类、职能类、健康类、校外辅导类等 8 大类别 71 门社区课程；开展“新市民安全知识讲座”160 余场；开展“父母大学”家庭教育名师讲座 130 余场。截至 2022 年底，学院已有 57 位教师走入社区、学校、村镇、居委会、委办局等开展培训，受众人数超 127 000 人。

截止到目前，学院双师型教师有 45 人，涵盖包括律师、注册会计师、心理咨询师、国际汉语教师、普通话测试员、国际礼仪高级注册师、ACTIONCOACH（企业教练）、健康管理师、数独（中高级）、家庭教育指导师、经济师、审计师等。

四、教研科研助成长，队伍建设见成效

教师们的业务水平提高关乎人才培养质量和学院内涵建设。加强教研科研，大力推进名师优课、双师型教师培养，为教师们搭建成长的平台。做有温度的成长“推手”，助教师们结出丰硕成果。

需求导向稳基础。为保证学院教师适应新时代教育发展趋势，学院基于社区教育、开放教育及教师需求，将信息化能力提升作为教师培训的重点工作。采取“走出去，请进来”的方式，一方面聘请信息化业内专家走进学院开展“国际化视角教育理念培训”“Lectora 软件应用培训”“Moodle 平台功能及教学设计”“如何讲好一堂面授辅导课”“微课宝应用”等专题培训；另

一方面，支持教师“走出去”开阔视野、拓宽知识，分批派出教师团队参加“脚本设计与软件应用研修班”“微课制作高级研修班”“信息技术教学能力提升班”等多项提升班培训。同时组织教师参加教学技能竞赛、微课比赛、公开课等活动，倡导创新教育教学方法，鼓励教师探索信息技术与教育教学的深度融合。学院通过培训与磨课打造“优课”工程，教师们将信息技术融入课程教学，制作完成精品微课120余个，全部在兴学网上供居民学习，荣获全国及市级奖项100余项；教师团队自编教材《跨越数字鸿沟　科技助老服务》，制作的11个视频课程在大兴区老龄产业协会的微信公众号和区委社会工委、区民政局的微信公众号及兴学网同步推送。

科研引领强队伍。教育科研是学院持续促进教师专业成长的动力之源。学院制定了《教育科研管理制度》《教育教学及科研成果奖励办法》等，注重营造积极的科研氛围和规范管理模式，大力支持教师们脚踏实地开展教学管理、社区教育、家庭教育及老年教育等多方向课题研究。通过组织学术培训、陪伴式科研指导、传帮带、外出调研等工作，着力培养教学优秀、教研突出、有影响力的教师团队，全面推动成人学历教育与非学历教育工作的有效开展。学院汇集教师们的科研优秀成果编制成《科研成果汇编》。截至2022年底，学院参与科研教师50余人，超教师总数的65%，研究课题50余项，其中国家级课题3个，市区级课题40余个，课题论文获市区奖项50余个，在各级各类期刊发表论文60余篇。学院教师团队编写出版了《做仁义礼智信的北京人》《24节气新编》《我们的传统节日》《中华民俗十二生肖》《跨越数字鸿沟　科技助老新生活》等书籍10余种、读本30余种。

学院科研工作始终秉承在动机上克服功利，注重内需；在实施上简化形式，注重过程；在内容上突出重点，注重导向；在组织上凝聚合力，注重实力。通过科研项目的开展，将校本研修与教师自主学习成长有机融合，构建起科研项目引领下的教师成长模式。

以赛促建平台。为了更好地激励教师们将理论知识和专业能力提升有效结合，学院积极引导教师参加各级各类比赛，积极为教师成长构筑平台。通过研修磨课及比赛展示，一是让教师走出去，提升专业能力；二是让教师特别是青年教师有机会站上舞台展示自己的风采，在竞赛中成长、反思、前行；三是发挥专家引领作用，助力教师成长，打造一批名师优课。近几年，学院教师20余人荣获市级教学基本功、说课、课程思政设计等大赛奖项30余项；国家及市级微课及信息化比赛100余项，其中在第三、第四、第五届NERC杯全国社区教育优秀微课程评选中，30多位教师的50余个作品分获一、二、三等奖及优秀奖；2016—2017年北京市社区教育与农村成人教育微课评选活动，学院教师30余个作品获奖。教师个人及团队拍摄制作的视频影片及大兴特色课程10余个获奖；以“老年人智能技术运用”为主题的11个视频课程被评为北京市社区教育优秀课程和优秀典型案例，并推荐为教育部“能者为师”项目。

五、制定激励管理制度，服务成人教育发展

学院注重鼓励教师不断提高自身综合素养，激励教师在提升学历的同时向双师型教师发展。以“制定激励机制，发挥激励导向功能、经济杠杆作用”为目标，制定了《教职工在职培训、提升学历管理办法》《教育教学成果奖励办法》《社区教育量化管理文件》《干部和教师外出参加培训学习制度》《学院教师评优评先制度》《双师型教师管理制度》等细则，在岗聘、绩效考核、评优、外出培训及成果奖励等方面给予相应鼓励，激励教师更好地服务于成人教育。

总之，学院教师队伍建设始终坚持在质量上追求卓越，在管理上注重规范，在活动中彰显实效，用务本求新的理念不断前行，用科学创新的态度全面提升。立足实际，立足科研，立足需求，才会令研修模式更具意义与实效。今后，学院将继续把全面深化新时代教师队伍建设作为教育“奋进之笔”的攻坚战和持久战，逐步构建具有学院特色的教师队伍建设研修文化。

9 北京开放大学怀柔分校：扎根基层担使命，立德树人践初心

北京开放大学怀柔分校（以下简称怀柔分校）1979年复校，历经多次教育体制改革，2004年并入北京京北职业技术学院，是北京开放大学系统中唯一一所区属高校的分校。怀柔分校始终秉持“敬学广惠、有教无类”的办学理念，始终坚持“立足怀柔，服务怀柔区域经济和社会发展，构建怀柔区终身教育体系”的办学思路。紧紧围绕怀柔区域功能定位，努力把学校打造成为百姓家门口的大学；以服务全民学习、终身学习为根本宗旨，提供多样化、多层次的学历与非学历教育，按照系统分校的功能定位，将怀柔分校建设成为北京市开放教育的基层办学实体，推动实现“人人皆学、时时能学、处处可学”的学习型社会建设。建校以来累计培养本、专科毕业生8 000余人，为怀柔区域经济和社会发展提供强有力的人才支撑。

近年来，怀柔分校为适应开放大学转型发展需要，始终坚持将转型期教师队伍建设摆在学校发展关键位置，积极实施人才引进与培养计划，全力打造一支德才兼备、勇于担当的、奉献有为的高素质学习型教师队伍，提升教师专业素质及信息化水平，强化师德师风建设，教师思想政治水平、师德师风素养和教书育人能力显著提升，教师培养体系基本健全，教师队伍结构趋于合理，教师队伍高质量发展体系基本形成，为提升教育教学质量和学校教育发展奠定了坚实的人才保障。

一、加强党的全面领导，培养立德树人的大先生

学校始终坚持以习近平新时代中国特色社会主义思想为指导，坚持和加强党对学校的全面领导，牢牢把握立德树人根本任务，全面贯彻党的教育方

针，牢牢把握党对意识形态工作的领导权，坚持社会主义办学方向。始终把加强党的政治建设摆在首位，牢牢掌握思想政治工作主导权，严格履行管党治党、办学治校的主体责任，贯彻落实为党育人、为国育才的根本任务，在教师队伍建设中持续抓好思想政治教育，鼓励教师扎根基层，做立德树人的大先生。

学校党员教师数量占全校职工总数的68.43%。在办学中始终坚持和发挥党总揽全局的统领作用，结合开放大学特点开展工作。始终重视发挥党支部的战斗堡垒作用和党员的先锋模范作用，凝聚全体师生和社会各界力量，推动学校事业高质量发展。

2021年我校制定的“十四五”发展规划中，对学校教师队伍建设给出定位，明确要始终坚持社会主义办学方向，全面加强党的领导，并制定《北京开放大学怀柔分校章程》《怀柔分校教师队伍建设及发展纲要》《北京开放大学怀柔分校领导班子议事规则和工作规则》《怀柔分校三全育人工作方案》《怀柔分校关于在学校办学中落实意识形态工作责任的实施办法》等有关制度。建立了立德树人的工作体系和相关机制，对立德树人体系内容进行全程全方位的管理和实施。以社会主义核心价值观为核心内容，坚持立德树人，深耕内涵发展，着力建设全员、全过程、全方位的人才培养体系，落实立德树人根本任务。

在怀柔区的创城工作和疫情防控工作中，怀柔分校充分发挥党支部战斗堡垒作用和党员先锋模范作用，教职工全部下沉到社区参与社区疫情防控工作和创城工作，参与率达到100%，在疫情防控及创城工作中充分发挥教师的示范引领作用，引导和带领学生积极参与怀柔区创城及疫情防控工作，真正成为学生成长的引路人。

二、加强政治理论学习，构建师德师风长效机制

在教师队伍建设管理过程中，始终坚持把师德师风建设放在教师队伍建设的首要位置，加强教师政治理论学习，组织多种形式的教师师德师风研修培训，建立健全师德师风长效机制，突出全员全过程全方位的师德师风教育，努力推进形成思想政治建设、师德师风建设、教学能力建设相互促进的

教师队伍建设新格局。努力塑造一支政治素质过硬、业务水平精湛、师德修养高尚的师资队伍，促进学校形成良好的学风，推动学校教学质量的稳步提升。

为进一步增强学校教师的使命感、责任感，提升教师职业道德素养，提高教师队伍的整体素质与水平，恪守“学高为师，身正为范”的准则，营造“树师德、正师风、铸师魂”的良好氛围，结合学校实际情况，2019 年学校制定《北京开放大学怀柔分校师德考核办法》及师德师风建设实施方案，精心组织开展师德师风教育活动。

2021 年开始，学校每年组织全体教师签署《师德承诺书》，营造风清气正的育人环境。把师德师风考评结果融入年终考核、评奖评优、职称评定等工作中，落实师德师风“一票否决制”。要求教师严格遵守《新时代高校教师职业行为十项准则》等关于高校教师师德师风建设的相关规定，时刻严格要求自己，努力成为一名“四有好老师”。定期对教师进行政治理论学习和思想教育培训，提高教师师德师风和思政教育的意识，进一步建设具有政治意识、创新意识的学习型教师队伍。

通过以上措施，学校师德师风建设成效显著，在 2021 年国家开放大学师德标兵、师德先进个人评选活动中，北京分部共 3 人获奖，其中学校的张芳霞老师被评为“国家开放大学师德先进个人”。

三、聚焦改革创优提质，精准开展教师职业培训

为贯彻落实市校创优提质的工作要求，学校根据学校发展规划，深入调研，掌握教师职业发展所需，成立教师专业发展工作小组，建立教师培训体系，制订教师管理相关工作计划，并实施教师专业发展的各项实践活动，构建自上而下、全面系统的专业发展模式。精准组织教师进行教育教学培训及专业能力培训，服务教师发展，助力教师育人能力提升。同时，制定相应的规章制度，为教师专业发展提供保障。

为提升教师的思想政治素质、师德师风修养和教学能力，学校建立了《怀柔分校教师进修培训管理办法》等制度文件，组织多种形式的教师培训，鼓励教师积极参加国开及市校组织的各项培训课程，同时学校定期组织开展

分校系统内教师培训。设置了新教师岗前培训、教师继续教育培训、思想政治理论培训、师德师风培训等相关培训课程，在此基础上，学校设立专项资金，鼓励教师参与职业发展相关的专业培训，从而促进学校教师师资队伍的成长及教育教学能力的提升。

学校要求每位教师根据自身情况制定个人发展规划，并根据教师所递交的规划，制定相应的学校骨干教师发展规划，督促教师积极参与国开及市校的骨干教师培训课程，促进学校优秀教师的培养和形成。

建立健全教学日常督导和考评机制，将教学过程管理和教师期末考评有机结合，规范了教师的教学行为，提升了教师的师德形象，促进了远程教学质量的稳步提升。

近几年，学校教师累计参加各类教育教学、业务技能提升等相关培训176人次。教师队伍培训工作的有序开展为教师发展提供了学习和交流的平台，对建设高质量学习型教师队伍发展有着重要的意义。

四、优化完善考评体系，助力教师素质全面成长

学校始终以建设一支“热爱开放教育，以立德树人为己任”的高素质师资队伍为目标，始终坚持以建设高质量学习型教师队伍、促进教师专业发展为关键，着力打造高水平教学科研平台，优化完善考评体系。2015年以来怀柔分校结合教师队伍实际，稳步推进教师职称改革，充分发挥职称评审工作在教师队伍建设中的激励导向作用，怀柔分校依托主管学院的职称评审体系，先后制定出台了相关职称评审管理办法和量化积分考核评价办法，近八年来，怀柔分校有1人晋升教授，2人晋升副教授，4人晋升讲师职称。

在专职教师队伍建设方面，不断补充新鲜血液，积极引进学历层次较高的专业人才。学校兼职教师队伍稳定，依托系统办学优势，优先从北京开放大学师资库中选聘教学经验丰富、熟悉开放教育特点的教师作为课程辅导教师。主管学院师资力量较强，学校实现互聘教学，使学校的教师队伍副高级职称以上占比达到42％，研究生以上学历占比达到57％，中青年教师比例占比达到61％。专兼职教师队伍的职称结构、学历结构，年龄结构合理。

全面加强教师专业发展能力、远程教学能力、资源建设能力和学习支持

服务能力建设，激发教师的育人初心和创新活力。近三年来，学校共有 2 名教师获得国家开放大学“优秀教师”称号，2 名教师获得北京开放大学“优秀教师”称号，6 名教师获得北京开放大学“优秀教育工作者”称号，1 名教师获得北京开放大学“优秀班主任”称号，1 名教师获得北京开放大学“优秀学生工作者”称号。

处于北京东部山区的怀柔分校，将继续加强党的全面领导，坚持高质量办学，以践行教育公平为己任，紧紧把握立德树人根本任务，全力建设一支高质量的学习型教师队伍，为开放教育创优提质打造强有力的人才支撑，为构建怀柔区全民终身教育体系和学习型社会贡献力量。

10 北京开放大学燕山分校：崇德博学 敬业奉献

北京开放大学燕山分校是燕山地区唯一一所政府办学的成人高等院校。1979年，伴随着北京广播电视大学复校而成立。2015年10月，更名为“北京开放大学燕山分校”，行政管理上隶属于燕山成人教育中心。2021年燕山地区机构改革，“北京开放大学燕山分校”与“燕山成人教育中心”合二为一，“北京开放大学燕山分校”又称“燕山成人教育中心”。学校由“电大”转型为“开放大学”不是简单更名，是办学思路、办学理念、办学策略、办学定位、办学功能全新调整，也是教育高质量发展、满足人民群众对美好生活期待的需要。面对新形势新要求，学校始终把教师队伍建设作为转型提质，破解发展难题的重要抓手，并进行了诸多有益探索。

一、以文化人，强化师德师风

教师为人师表，是“人类灵魂的工程师”，教师的职业道德就是师魂，师魂是教书育人之本。因此，学校历来重视师德师风建设，学校领导班子从自身做起，不断加强自身形象建设，吃苦在前，享乐在后，廉洁自律，克己奉公，崇德博学，敬业奉献、做师德表率。

（一）构建“红色成教”校园环境

“红色校园环境”助力办学理念和精神文化深入人心，充分展示学校办学特色，让师生的一言一行都折射红色之魂，让校园时时处处都充满红色的精神，发挥以文化人的作用。如配合燕山党群服务中心，设计制作报纸展厅，精神谱系文化墙，党史文化墙，弘扬党的精神，发挥咨政育人作用；文明实践中心以文明城区创建为契机，着力加强环境建设；现已建成社会主义核心价值观小景观，文明实践活动站，未成年人活动室等；定期更新文明实践活动宣传栏，营造文明实践氛围，传播新思想，弘扬新风尚；结合红色成教中心发展目标，制定成教中心文化墙和“习语润心”文化长廊。“红色成教”办学文化成为全体教职工共同遵循的价值取向。

（二）积极开展师德师风活动

在党支部的统一领导下，将师德师风建设纳入单位发展的总体规划中。一是通过不同形式的学习活动，用习近平新时代中国特色社会主义思想武装教职工的头脑，将全面从严治教要求落实到每个人的日常工作生活中。二是学校根据燕山教委的指示精神，开展师德、师风大讨论，师德演讲比赛，制定了《燕山成人教育中心师德师风建设十项制度》，签订了“师德师风责任书”。三是开展师德专题培训，全面加强教师的职业素养，增强教书育人的责任感和使命感。确定保障机制，形成以思政促师风、以师德强思政的新局面。学校的思政课老师不仅出现在学历教育的课堂上，还走向社会，进入街道、社区，在党员培训和群众宣讲的讲台上同样留下了他们的身影，成了区域建设不可或缺的重要力量。

（三）积极开展思政活动

一是研究设计“红色成教”校园活动，推动规范党建与部门业务相结合，同频共振。二是研发“红色成教”校本课程，帮助教师站稳讲台，助力教师成长，提升幸福感、收获感，树立典型，构建既讲“红色基因”又讲“时代精神”，具有燕山特色的党建课程体系，有效服务地区党员教育、市民教育，提升成教中心服务能力，助力学习型城市建设。截至目前，已研发思政课程30余门，应邀参与开放大学燕山分校、燕山党群服务中心、房山新时代文明实践中心、燕山新时代文明实践中心燕山分中心等部门理论教育400余次。老师们备课严谨认真，工作积极主动，服务细致规范，授课精彩纷呈，始终把“崇德博学　敬业奉献”的校训作为工作基本要求，充分彰显了一名思政老师的“情怀、信仰、责任、人格”。

二、制定规划，助力教师成长

在“红色成教”建设的过程中，学校领导班子以人为本、开拓进取，锐意创新，大刀阔斧地采取一系列措施。学校不但制定了“十四五”学校发展规划、班子建设规划、教师队伍建设规划，还在支部带领下，全体干部、教师依据学校发展目标、发展规划，结合自身优势、教育背景、特长兴趣，制定个人成长规划。

一份合理完善的个人成长规划能引导教师科学理性、坚持不懈、螺旋上升式地去实现专业素养质的转变。为科学制定个人成长规划过程，学校多次聘请专家来校指导，个人成长规划要参照和结合学校发展计划、发展目标来实行。利用学校发展引领教师发展，教师发展促进学校发展，实现和谐统一、相辅相成的作用。

一是自我剖析，找准发展基点。教师制定成长规划内容，只有深刻地剖析自己，才能找到最适合自己的定位和发展目标。教师既要对自身的兴趣、特长、知识、能力等个性因素进行分析，又要对自己在班级管理、教育教学、科学研究、沟通协调等方面能力进行全面评估，找到与其他教师的差距。并在分析自身优势、劣势的基础上确定自己的发展基点，才能定准既有挑战性又能通过努力获得的目标。

二是环境分析、把握发展机遇。教师制定成长规划，首先要对身处环境进行综合分析，特别是要分析学校未来的发展，对自身有利或不利的方面。近年来，学校紧密结合区域发展需求，不断推学校的转型发展，助力燕山地区学习型城市建设，涉及工作面很广，很多工作都代表燕山教委、燕山地区，能力要求较高。如在服务各委办局举办的短期培训中，导学教师应具备较强的管理能力、组织能力、沟通能力、协调能力。在教育教学中，授课老师需不断开发理论教育、市民教育、团队拓展、文化宣传、传统文化等各类课程。每位干部教师结合特点，从而制定发展规划。一旦规划制定，都能最大限度地获得学校的支持。

三是目标确定、规划愿景。教师制定成长目标时要明晰自己的特长和不足，找到“最近发展区”，采取“扬长补短”的原则，让自己“跳一跳能摘到果子吃”。如有的教师课堂教学能力强，对政治理论感兴趣，表达能力较强，制定目标是着力开发理论教育课程和从事党员干部培训工作；有的教师动手能力较强，积极开发手工制作类的市民教育课程；有的教师各方面能力均较强，但缺少科研课题，制定目标时努力争取自己的科研课题，通过课题研究不断促进自己的专业成长；有的教师有较好的教育经历，专业功底深厚，制定目标时发挥所长，成为学历教育专任老师，承担全市一堂课责任教师；有的教师综合素养高，精通几门学科的教学，制定目标时结合自身特长开展融合课程，让自身素养得到最大限度的发挥。

四是坚定实施，多元评价。为避免“规划是给领导看的”而束之高阁，切实帮助教师尽快成长，学校依据教师个人成长规划，积极推动落实。针对导学教师，采用以老带新方式，积极开展读书学习讲座、主题班会、经验交流等；有科研课题的老师，积极开展结对学习、理论探讨、课题研究、进修培训、专家指导等；针对授课教师，组建研课小组，如在理论教育课程研发上，学校建立了四史、习近平新时代中国特色社会主义思想两个研课小组。首先，在小组内积极开展听课评课、学术沙龙、课例研究、上公开课和教学反思等活动。其次，学校周一上午定期开展示范课展示、听课评课及研修成果展示。最后，采用自我评价、学校评价、同伴互评等方式，不断打磨，促进提升，适时对发展规划进行修正和调整。

三、多措并举，创设成长平台

（一）课堂教学平台

学校充分利用校本教研机制，让教师在各类公开课、研讨课、赛课中实现自己的专业发展。同时，在北京开放大学、北京市教科院、房山区委党校、燕山教研中心的支持下，每学期均邀请专家、教研员来校开展教学常规视导，诊断和指导学校教师的课堂教学；根据课堂教学中存在的突出问题，开展汇报课、示范课、指导课等多种形式的研讨活动；开展不同类别课程的课堂教学比赛，整体提高教师的课堂教学能力。如 2023 年围绕学习党的二十大精神共组织课程研讨活动 12 次，不断提高课程质量。

（二）青蓝工程平台

为让青年教师尽可能在短时间内胜任教师岗位，规划自己的专业发展，成为学校教育教学的骨干力量。学校从 2017 年开始施行教师“青蓝工程”。一是推行导师制，学校在青年教师中开展“拜师学艺”活动，举行拜师仪式，签订“师徒协议书”。从中老年教师中选出优秀教师作为青年教师的“导师”，导师应“导思想、带业务、传作风”，青年教师虚心学习、主动汇报、阅读书籍、改革创新。“导师”每月至少要听“徒弟”一节课，听后要给予评价，提出优缺点。“导师”要经常检查“徒弟”的教案，指导备课。二是确立目标：一年适应，两年胜任，三年骨干。三是坚定信念：对工作的信念，对专业发展的信念。四是保持热情：对学习的热情、对课堂的热情、对科研的热情。五是开展活动：如读书分享活动、教师综合技能大赛、新教师培训、展示汇报课。2023年，学校两名青年教师在燕山地区一年一度的燕翔杯教师基本功大赛中，分别荣获一等奖、二等奖。燕翔杯教师基本功大赛成为众多青年教师展示的大舞台，形成“一人参赛、全校出动”的教研氛围。学校每学期还定期组织“校本课程”大赛，青年教师主动参与，积极学习、取长补短、互通有无，团队合作氛围日趋浓厚，教师专业化素养得到全面提升。

（三）课题研究平台

燕山分校重视教学科研工作，支持鼓励教师搞科学研究。近年来，学校的成果主要有：科研项目《微视频在社区老年信息技术类课程中的应用》《党建引领“红色成教”建设的实践研究》《构建终身学习服务体系助力学习型燕山建设》《在“双减”教育背景下燕山家长学校助推地区义务教育高质量发展的实践研究》《新时代文明实践品牌项目培育策略研究》；科研成果《构建终身学习服务体系助力学习型燕山建设》；典型案例《依托学分银行平台，助力志愿团队建设》《聚众智讲理论多举措传政策》；优秀课程《党史故事》《塑造孩子的性格》；社区教育优秀成果《永远跟党走社教展风采》；论文《停课不停教，我们在行动》等26篇。

特别是在燕山地区党建立项课题《党建引领“红色成教”建设的实践研究》、北京市学分银行实践项目《依托学分银行平台，助力志愿团队建设》带动下，学校探索了燕山成人教育转型发展的实践经验。其中，实施“课题驱动、部门联动、项目带动”，明确学校发展规划的工作思路及推进模式，关注学校发展规划和教师个人成长过程中的难点、热点和闪光点。在北京开放大学和燕山地区教育发展规划的引领下，扎实开展教育科研、研训一体化、一师一优课等常规教研科研活动，做到全面覆盖、科学统筹、精准指导，课题参与教师积极性高、收获很大。

通过课题研究，促进了课堂教学提质增效，构建了一种崭新的师生互动、生生互动、师生教学相长的和谐的师生关系，优化了育人环境。通过对科研课题的探讨和实践，更新了教师教育教学理念，开阔了教师的眼界，丰富了教师的知识，提高了教师的素质，培养和发展了教师的创新能力和科研能力，为全校教师搭建了专业发展的绿色平台。

（四）培训助力平台

为了使教师能不断更新理念和知识，学校以制度做保障，支持教师参加继续教育培训、信息技术培训、新教材培训和对外学术交流。首先，以校长为首的领导班子率先树立继续学习、终身学习的思想，积极参与北京师范大学组织的励耘校长培训班、北京开放大学分校校长培训班、北京教育学院组织开展的校长任职资格培训班，积极面对开放教育转型发展新挑战，不断把国内、国外先进的教育成果融入学校的教学实践中，增强班子驾驭学校全局工作的能力。在班子带动下，全校教师都树立了不断充电、继续学习、终身学习的观念。一是按照国家开放大学、北京开放大学、北京市教委、燕山教委要求参加各类业务培训和继续培训，并把学习情况纳入绩效考核评价和继续培训档案。2020 年以来，学校教师共参加各种培训 28 期。二是学校定期组织开展教职工培训。除了参加北京开放大学、北京市成人教育学会的业务培训外，学校还开展了丰富多彩的校本培训，从 2020 下半年开始至 2023 年 10 月，学校共组织各类培训 20 场，培训教职工 300 人次。

给学生的知识，不再是一杯水、一桶水式的死水，而是长流水，是活水。近 5 年来，学校投入近 20 万元支持 10 余名教师外出参加培训、学习考察、学术交流、购买书籍等，使教师们受到深刻的、新的教学观念、模式、方法的教育，效果十分明显，教师整体素质和能力得到提高，保证了教学科研工作的有效开展，促进了教育教学质量的提升。

教师是立教之本，兴教之源。新时代新征程，北京开放大学燕山分校将继续加强教师队伍建设，着力打造一支“高标准、高效能、高境界、高质量”的教师队伍，在燕山终身学习体系和学习型城市建设中发挥更大作用，为建设“活力、美丽、幸福”新燕山作出新的贡献。

参考文献

[1] 顾明远．加强教师队伍建设，实现教育现代化［J］．河北师范大学学报（教育科学版），2022，24（04）：5．

[2] 杨建辽．国内远程教育师资队伍建设研究综述［J］．云南开放大学学报，2022，24（01）：21－26．

[3] 李松．新时代开放大学高质量发展的内涵与实践路径［J］．国家教育行政学院学报，2022（07）：48－54．

[4] 吴韶华．制约开放大学师资队伍发展的突出问题与对策［J］．中国远程教育，2016（10）：51－57．

[5] 刘洋溪，任钰欣．数字化赋能高质量教师队伍建设：何以可能与何以可为［J］．当代教育论坛，2023（04）：73－81．

[6] 杨之瑜．我国成人高校兼职教师队伍的建设及发展［J］．成人教育，2016，36（07）：57－63．

[7] 李汉学．我国高校教师分类管理研究的回顾、反思与展望［J］．黑龙江高教研究，2016（12）：19－23．

[8] 管培俊．以人才引领发展理念建设教师队伍人才高地［J］．教育研究，2022，43（09）：118－129．

[9] 方建强．战略人力资源管理视域下的高校教师队伍建设研究［J］．黑龙江高教研究，2015（03）：92－94．

[10] 刘洋溪，任钰欣，舒菁怡．整体性治理视域下教师队伍建设的现实困境与优化路径［J］．教育研究与实验，2023（03）：85－90．

[11] 骆兰．高校教师岗位管理存在的问题及对策［J］．教育导刊，2010（11）：39－41．

[12] 楚晓丽．层次分析法用于高校岗位聘用管理的评价与分析 [J]. 数学的实践与认识，2015，45（08）：81-86.

[13] 曾卫明，肖瑶，安沛旺．基于胜任力的高校人力资源管理研究 [J]. 黑龙江高教研究，2010（08）：42-44.

[14] 刘尧．发展性教师评价的理论与模式 [J]. 教育理论与实践，2001（12）：28-32.

[15] 王学珍．基于发展为本的开放大学教师教学评价体系构建 [J]. 云南开放大学学报，2015，17（01）：6-11+21.

[16] 崔光彩，姜姜，吕志英．高校教师绩效考核的现状与优化探讨：以南京 H 大学为例 [J]. 中国高校科技，2022（08）：51-55.

[17] 李陈锋．高校教师考核的问题与对策研究 [J]. 现代管理科学，2015（09）：112-114.

[18] 张萍，李晓慧．教师绩效考核的目标定位和考核方法 [J]. 教学与管理，2019（15）：46-48.

[19] 黄海波．论高校教师绩效考核指标体系的科学化：以高校内部的平衡发展为中心 [J]. 广西师范大学学报（哲学社会科学版），2017，53（02）：115-120.

[20] 林娟．重构高校教师绩效评价指标的机遇与路径 [J]. 中国高等教育，2021（08）：7-9.

[21] 冯晓英，林世员，何春．深化教师精准培训改革：概念模型与实施路径 [J]. 中国远程教育，2023，43（10）：41-50.

[22] 牛旭峰．我国教师培训需求研究二十年：回顾与展望 [J]. 教师教育学报，2023，10（06）：106-114.

[23] 王鉴，张盈盈．新时代我国教师教育高质量发展的逻辑与路径 [J]. 重庆高教研究，2023，11（01）：14-25.

[24] 李晋．高校教师队伍建设与管理模式探究 [M]. 长春：吉林大学出版社，2022.

[25] 蒙有华．新时代背景下高校教师队伍建设的探索与实践 [M]. 长春：吉林出版集团股份有限公司，2022.

［26］管培俊．高校人事制度改革与教师队伍建设［M］．北京：北京师范大学出版社，2015.

［27］马俊杰，曾湘泉，杨伟国．大学人力资源管理［M］．北京：中国人民大学出版社，2007.

［28］吴冬梅．大学教师人力资源管理［M］．北京：首都经济贸易大学出版社，2014.

［29］王丹．高校人力资源管理发展与服务创新研究［M］．西安：西北工业大学出版社，2021.

［30］王淑珍，王铜安．现代人力资源培训与开发（第2版）［M］．北京：清华大学出版社，2015.

［31］吴敏，马辰威，邹新艳，等．基于人力资本视角的终身教育［M］．成都：四川大学出版社，2020.

［32］张东平．区域成人高校完善终身教育大平台的实践研究［M］．上海：复旦大学出版社，2019.

［33］张德明．开放教育的探索［M］．上海：复旦大学出版社，2015.